Stefan Pfeiffer

Die Logik des Verlierens

Wege aus der Opferrolle

Ein philosophischer Leitfaden

Bibliografische Information der Deutschen Nationalbibliothek:
Die Deutsche Nationalbibliothek verzeichnet diese Publikation
in der Deutschen Nationalbibliographie; detaillierte bibliografische
Daten sind im Internet über http://dnb.dnb.de abrufbar.

© 2014 Stefan Pfeiffer
Herstellung und Verlag:
BoD – Books on Demand, Norderstedt

ISBN 978-3-7357-5146-1

Inhaltsangabe

Einleitung 7

Opferhaltung überwinden 11

ABC – Das Modell der Gefühle 17

Schuldgefühle 22

Die Chemie der Angst 30

Abgrenzen lernen 37

Umgang mit Kritik 41

Verantwortung übernehmen 45

Mut zum Erfolg 48

Selbstwertgefühl steigern 54

Smalltalk 58

Lösungsorientiertes Denken 64

Einleitung

Selbstsichere Menschen kommen im Leben besser zurecht, haben mehr Erfolg und sind in der Lage, ein glückliches und erfülltes Leben zu führen. Doch was ist Selbstsicherheit überhaupt? Die laut dröhnenden, Frauen verachtenden Sprüche des Machos strahlen keine Selbstsicherheit aus, sondern zeugen deutlich von Dummheit und Arroganz. Selbstsicherheit ist also weit mehr als nur ein grobes, lautes oder unhöfliches Verhalten an den Tag zu legen. Wahre Selbstsicherheit kommt also vor allen Dingen von „Innen." Selbstsichere Menschen ruhen in sich selbst, sind den Unbillen des Alltags nicht ohnmächtig ausgeliefert und strahlen eine Ruhe aus, die ganz in ihrer Persönlichkeit zu liegen scheint. Selbstsicherheit ist also eine Eigenschaft, die anzueignen sich durchaus lohnt. Man wird damit nicht gleich zum Monster oder Drachen, wie manche vielleicht befürchten, sondern im Gegenteil, ist man in der Lage, seine positiven Eigenschaften und Charakterzüge besser zu leben.

Selbstsicherheit ist daher nicht nur eine sehr positive Eigenschaft, sondern als Basiseigenschaft eines Menschen sogar wichtige Grundlage für viele weiterführende Dinge des Alltags. Ohne Selbstsicherheit kann man die kleinen und großen Krisen des Lebens nicht bewältigen – somit ist Selbstsicherheit wichtige Grundlage vieler positiver Veränderungen.

Oft sind es nicht die großen Dingen, an denen wir scheitern, sondern es liegt an den Kleinigkeiten, die uns zu schaffen machen: Man ist viel zu nett, oft zu nachgiebig, manchmal schlecht organisiert. Damit fehlen uns aber die

Basiseigenschaften für ein erfolgreiches Leben. Das Verlieren folgt seiner eigenen Logik.

Der schlaue Fuchs sah einmal schmackhafte Trauben an einen hohen Rebstock hängen. Da er zu klein war, sie zu erreichen, lies er von den Trauben ab mit den Worten: „Sie sind gewiss sauer, ich will sie gar nicht." Eine Geschichte nach dem griechischen Fabeldichter Äsop (600 v. Chr.)

Viele Dinge, die uns nicht erreichbar scheinen, machen wir schlecht, um deren Verlust einfacher zu verschmerzen. Wer selbst nicht selbstsicher ist, verbindet daher mit Selbstsicherheit oft viele negative Eigenschaften: Egoismus, Grobheit, Skrupellosigkeit. Selbstsichere Menschen sind rücksichtslose Menschen. Wer so denkt, redet sich eine wichtige, positive Eigenschaft selbst schlecht.

Sicher kennt man die lauten und boshaften Diskussionen der Politiker, in denen immer der zu gewinnen scheint, der die boshaftesten und gemeinsten Attacken gegen den anderen startet und der jeden Gegner an die Wand redet. Doch dieses Verhalten deutet eben nicht auf Selbstsicherheit hin: Aggression ist ein Zeichen von Schwäche. Es geht bei Selbstsicherheit nicht immer nur um das Gewinnen von Konflikten, sondern um viele positive Eigenschaften wie das Gestalten konstruktiver Beziehung, die Bewältigung von Alltagsproblemen und die Führung eines selbstbestimmten Lebens. Die offen zur Schau getragene Überlegenheit des forschen Redners ist also kein wirkliches Indiz für einen selbstbewussten Menschen. Wäre es nicht viel reifer und toleranter, dem anderen auch eine Meinung zuzubilligen und ihm mit Wertschätzung zu begegnen? Rechthaberei und Selbstbewusstsein sind also zwei deutlich voneinander getrennte Paar Schuhe.

Auf dem Weg zu richtigem Selbstbewusstsein sollten Sie sich also zunächst von den falschen Vorstellungen trennen, die sie über diese Eigenschaft haben: Boshaftigkeit, Aggression und Skrupellosigkeit haben in einem eigenständigen und selbstbestimmten Leben nichts zu suchen. Das Auftreten als „böser Drache" führt weder zu Glück noch zu Erfolg. Wer wie ein Einzelkämpfer jedes Problem mit den Ellenbogen zu lösen sucht, wird auf Dauer scheitern, denn seine Streitsucht vertreibt nicht nur alle bösen Feinde, sondern zerstört auch wertvolle Freundschaften.

Selbstsicherheit bedeutet also nicht, wie Django mit gezogenem Colt durch die Weltgeschichte zu streifen, um jeden bösen Feind nieder zu strecken. Es geht nicht immer um den kurzfristigen Erfolg, den Aggression oft mich sich bringt. Selbstsichere Menschen sind Herren ihres eigenen Lebens und haben derlei Spielereien um Macht und Ruhm selten nötig. Der Lauteste einer Gruppe ist nicht zugleich der Beste oder der Stärkste.

Selbstbewusstsein bedeutet also nicht, auf Biegen und Brechen gewinnen zu müssen, bedeutet nicht, immer im Mittelpunkt stehen zu wollen, bedeutet nicht, immer von allen bewundert zu werden. All das sind nur Äußerlichkeiten, die mit einer gefestigten Persönlichkeit nichts zu tun haben.

Selbstbewusste Menschen ruhen vor allen Dingen in sich selbst, sind nicht auf äußere Faktoren wie Lob oder Anerkennung angewiesen, sondern ziehen einen Großteil ihrer Kraft aus sich selbst. Das macht sie unabhängig von der Zustimmung anderer und verhilft ihnen zu einem erfüllten, selbstbestimmten Leben.

Die Opferrolle überwinden

Man hört in Funk und Fernsehen, was Schlimmes geschieht in der Welt. Missbrauch, Gewalt, Mord. Andere Menschen scheinen schlimme Dinge zu erleben. Doch in der Psychologie sind Opfer nicht allein Betroffene von Gewalt: Die Opferrolle ist eine psychische Grundhaltung, die Menschen unterlegen macht und damit zu schwach für den alltäglichen Überlebenskampf erscheinen lässt

Silke ist mit ihrer Freundin fürs Kino verabredet. Gerade, als sie den PC herunterfahren will, kommt ihr Chef auf sie zu. „Der Auftrag ist soeben rein gekommen. Es ist wichtig, dass das heute noch rausgeht. Können sie das noch eben fertig machen?" Die junge Frau schaut betrübt. Sie wird es nicht mehr rechtzeitig in Kino schaffen, wenn sie die Akten jetzt noch bearbeitet. Allerdings – kann sie ihren Chef bei einer so wichtigen Angelegenheit hängen lassen? Ihr käme nicht in den Sinn, dass ihre Gutmütigkeit und Hilfsbereitschaft sie zu einem Opfer macht. Sie wird von anderen ausgenutzt, ohne es zu merken. Alle anderen Kollegen sind bereits auf dem Heimweg, nur sie macht mal wieder Überstunden.

Opferrolle – die Folgen

Silke ist stets bemüht, eine gute Mutter, gute Partnerin, gute Freundin zu sein. Sie reibt sich auf für das Wohl anderer. Sie ist beliebt und wird von anderen geschätzt. Doch wenn sie sich mit ihren Freundinnen vergleicht, die erfolgreicher im Job sind, öfter in Urlaub fliegen, mehr mit Freunden unternehmen, stellt sie fest, dass sie eigentlich nur das Leben anderer lebt, nicht ihr eigenes. Manchmal fragt sie sich, wer sie wirklich ist? Amazone oder Putzfrau, Königin oder Handlanger der anderen. Die anderen leben bequem, doch auf wessen Kosten? Opfer gibt es nicht nur durch Messerangriffe und Pistolenschüsse, das Problem ist mehr die alltägliche Ausbeutung durch andere. Silke kann dem Kreislauf aus Liebenswürdigkeit und Ausnutzung nicht entgehen. Ihr Leben zieht an ihr vorüber, ohne das sie es wirklich genießen kann. Sie hofft auf die Zukunft – wenn die Kinder groß sind, wenn Sie in Rente ist, wenn, ja, wenn. Nur im Hier und Jetzt, wo sie noch jung ist, wo sie ihre Träume erfüllen und all ihre Ziele noch erreichen könnte, da scheint alles gegen sie zu stehen.

Die Gutmenschenfalle

Als Silke noch ein Kind war, wurde sie von ihren Eltern oft gelobt. Sie fand das toll, doch eigentlich bekam sie Liebe immer nur dann, wenn sie tat, was andere wollten. Silke glaubt, es sei wichtig, andere glücklich zu machen. Wenn es dir gut geht, geht es mir auch gut. Sie hatte mal daran gedacht zu studieren, doch ihre Eltern rieten ihr zu einem Bürojob. Silke richtet sich nach anderen, hält deren Gedanken für klüger als die eigenen. Eltern und Kollegen haben mehr Lebenserfahrung als sie, außerdem will sie niemanden verärgern, denn die anderen haben schon Probleme genug. Sie stellt fremde Interessen über die eigenen. Immer mehr stellt sie ihre eigenen Interessen zurück und führt ein Leben, das sie gar nicht führen will, aber glaubt, führen zu müssen. Sie fühlt sich gefangen, wie in einem goldenen Käfig. Sie macht alles richtig, doch genau das scheint falsch zu sein. Ein Kreislauf, aus dem sie keinen Ausweg findet. Sicherlich sollte man nett sein, aber man kann auch zu nett sein, nämlich dann, wenn man alles mit sich machen lässt. Als Erwachsene vermisst sie das Lob der anderen, denn niemand käme auf die Idee, auf sie Rücksicht zu nehmen. Andere nehmen sich von Silke was sie brauchen, und Silke gibt es freiwillig und umsonst. Ihr fehlt die Gabe, auch einmal „Nein" zu sagen. Ihre Gutmütigkeit, die ihr als Kind so viel Lob einbrachte, wird ihr im Erwachsenenalltag zu Verhängnis. Was in der Kindheit richtig war, funktioniert in der Erwachsenenwelt, in der Wettbewerb und Konkurrenz herrschen, einfach nicht mehr.

Alltägliche Stolperfallen

„Everybody´s Darling is everbody´s Depp!" sagt der Volksmund. Das „liebe Mädchen" ist zum Scheitern verdammt. Man kann es nicht allen recht machen. Andere glücklich machen zu wollen ist ein sinnloses Unterfangen. Je mehr man gibt, desto mehr verlangen andere von einem. Verantwortung für andere Menschen tragen zu wollen führt also nur dazu, von ihnen ausgebeutet zu werden. Man macht es den anderen bequem, ohne jemals ein Dankeschön dafür zu ernten. Silke reibt sich auf für Job und Familie, doch statt Dankbarkeit für ihre herausragenden Leistungen erntet sie nur die Kritik eines gestressten Chefs und das Genörgel verwöhnter Kinder. Sie macht es anderen zu leicht. Es lohnt also nicht, die Wünsche anderer über die eigenen zu stellen. Ich sorge für anderen, doch wer sorgt für mich, wenn nicht ich selbst? Ein gesunder Egoismus ist also keineswegs falsch.

Auch wenn Silke immer auf andere hört, weil sie sich für zu dumm hält, eigene Antworten zu finden, macht sie das zum Opfer. Niemand würde ihr Tipps geben, mit denen er sich selbst schlechter stellt. Ratschläge anderer sind also nicht immer gut gemeint, sondern spiegeln nur deren höchst eigene Interessen wieder. Erst wenn Silke herausfindet, was sie selber will und sich auf die Suche nach Wegen macht, wie sie es erreichen kann, löst sie sich aus destruktiven Abhängigkeiten. Sie darf ihre eigenen Gefühle nicht von den Launen anderer abhängig machen, sondern muss sich lösen von der Erwartung, andere müssten sie glücklich machen. Sie ist ein freier Mensch, ihr eigener Herr. Sie selbst ist es also mit ihrer Opferhaltung, die sich selbst das Leben schwer macht.

Eigentlich hat Silke auch intime Pläne und Träume, doch hat ihr bisher niemand gestattet, sich diesen Zielen auch hinzugeben. Sie fürchtet, den Aufgaben und Konflikten, die eigene Ziele mit sich bringen, nicht gewachsen zu sein und hat Angst vor der Veränderung. Ungern möchte sie die Sicherheit, die sie in ihrem alten Leben verspürt, gegen die Aufregungen der Veränderung tauschen.

Opferverhalten
Fremde Ansprüche über die eigenen stellen, nicht „Nein" sagen können, die Angst, andere zu enttäuschen, die eigenen Gefühle von anderen abhängig machen. Silke ist ein braves Mädchen voller Sorgen, und hofft, dafür von andere geliebt zu werden. Doch ihre Freundlichkeit zieht grade jene Menschen an, die nur einen Dummen suchen, der sich ausbeuten lässt. Niemand anderes gibt sich für die Drecksarbeit her, deswegen bleiben grade die unangenehmen Aufgaben immer wieder an Silke hängen. Schwäche lockt die Hyänen. Ihre Freundlichkeit wird nicht mit Freundlichkeit beantwortet, sie zieht im Ge-

genteil sogar den Unmut der anderen auf sich. Wer zu brav ist, bietet sich als Beute an.

Raus aus der Opferrolle

Es gibt einen, der schlimme Dinge tut, und einen, der es mit sich machen lässt. Silke muss also erkennen, dass auch sie einen Anteil hat an ihrem Unglück. Dieser Anteil gibt ihr die Kontrolle zurück, denn sie hat die Möglichkeit, daran etwas zu ändern. Silke hat extrem hohe Werte und Ideale, will ein guter Mensch sein, es allen techt machen und von allen geliebt werden. Doch gerade mit diesen hohen Erwartungen setzt sie sich selbst unter Druck. Niemand ist perfekt, und auch Silke darf so etwas nicht von sich erwarten. Sie muss also an ihrer Grundhaltung etwas ändern, um sich im Alltag vor den kleinen Übergriffen der anderen besser schützen zu können. Sie ist nicht für alles verantwortlich, muss nicht perfekt sein, braucht nicht jeden glücklich zu machen. Für ein Lob täte sie fast alles, doch niemand zollt ihr die Anerkennung, die sie bräuchte.

Für sich sorgen lernen

Silke muss sich nicht für alles verantwortlich fühlen. Außer für sich, trägt sie für keinen anderen Menschen auch nur den Hauch einer Verantwortung. Die anderen sind erwachsene Menschen wie sie selbst, und sie ist nicht für deren Glück zuständig. Ein gesunder Egoismus sollte sie davor bewahren, sich für andere aufzureiben. „Nein" sagen lernen ist wichtig, um sich gegen die Ansprüche anderer abzugrenzen. Grenzen setzen, Grenzen wahren. Sie muss die Freiräume selbst schaffen und schützen, in denen sie sich entfalten kann. Silke ist selbst verantwortlich für die Vertretung und Durchsetzung ihrer Interessen. Sie gibt die Verantwortung für andere ab und übernimmt stattdessen mehr Verantwortung für sich selbst. Wenn ihr Chef immer Überstunden fordert, kann sie Freizeitausgleich verlangen, mehr Gehalt fordern oder sich gar einen neuen Job suchen. Silke wehrt sich, stellt Forderungen. Es ist nicht mehr selbstverständlich, dass sie alle Arbeiten erledigt. Sie fordert Respekt und Anerkennung für ihre Leistungen. Silke ist nicht mehr länger die schwächere Partei, sondern lernt, ihre eigenen Interessen zu vertreten. Sie gibt nur noch, wenn sie auch etwas davon verspricht.

Der Gute muss nicht der Dumme sein

Silke lernt, dass auch ihre Gedanken und Interessen wichtig sind. Von jetzt an ist sie nicht mehr der gutmütige Verlierer, sondern achtet vermehrt auf Win-Win-Situationen: Aktionen, von denen beide profitieren, auch sie selbst. Silke ist hilfsbereit, doch sie lernt dafür zu sorgen, dass sie dabei selbst nicht mehr zu kurz kommt. Sie hat Raum für sich, sie hat Zeit für sich. Auf ein erfülltes Leben muss sie auf diese Weise nicht erst warten, bis sie alt und grau ist.

Das Modell der Gefühle

Einmaleins und ABC – in der Schule lernt man viel. Doch in der Psychologie steht ABC für ein Lernmodell. Es beschreibt die Entstehung von Gefühlen

Sie leiten uns, sie treiben uns, und letzten Endes sind sie oft verwirrend: Gefühle tragen die Geheimnisse des Unerklärlichen in sich. Und doch glauben Psychologen, das Rätsel der Gefühle entschlüsselt zu haben.

Doch was macht unsere Gefühle? Sind es die Umstände, die uns ins Wechselbad der Gefühle stürzen - mal der knurrige Chef, der uns erschaudern lässt, mal das lachende Kind, damit das Herz höher schlägt? Oder machen vielleicht unsere Hormone Gefühle, wenn Frauen während der Periode übel gelaunt sind, Männer sich schlagen, während das Testosteron in ihnen tobt? Psychologen haben eine Erklärung dafür. Sie ist so einfach, dass es auf den ersten Blick schon wieder unwahrscheinlich erscheint: Wie wir fühlen, hängt davon ab, wie wir denken. Gefühle entstehen also nicht durch äußere Geschehnisse – Gefühle entstehen im Inneren.

Gefühle – kommen Sie durch Gedanken?

Unsere Gedanken steuern, wie wir empfinden. Sind wir Herr unseres Denkens, oder dessen Sklave? Und wie kann es sein, dass nicht der strenge Polizist in der Verkehrskontrolle mir Angst macht, sondern ich mir selbst? Die schwere Uniform und die Dienstwaffe sind doch beeindruckend, was hat das also mit mir zu tun? Wie wir trotzdem unsere Gefühle selber machen, erklären Psychologen mit dem ABC-Modell. Es stellt dar, dass jedem Gefühl zunächst ein Gedanke vorausgeht, der es auslöst. So, wie ein Buchstabe dem andere folgt. Auf A folgt B – auf einen Gedanken folgt ein Gefühl. Aber auch Gedanken wiederum haben oft einen Auslöser – damit kommt nun doch wieder der äußere Umstand ins Spiel, in diesem Falle der Polizist. Es ist wie mit einem Dominospiel: Zuerst fällt der eine Stein, dann der nächste, und wieder der nächste. In der Reihefolge sieht es also so aus: Erst ein Auslöser, dann folgt ein Gedanke, dann als Konsequenz ein Gefühl. Aus dem englischen stammt die Reihenfolge ABC: A für Activation, B für Belief, C für Consequence: Der Polizist erscheint (A), ich denke „Nun werde ich kontrolliert" (B), und bekomme folglich Angst (C). Diese Reihenfolge begleitet uns durchs ganze Leben. Es ist ein Mechanismus, der fast immer gilt.

Das ABC-Modell – was steckt dahinter?

Unterschiede im Denken bewirken also Unterschiede im Empfinden: Der eine Autofahrer bekommt Angst, weil er sich kontrolliert fühlt, ein anderer wird sauer, weil er nun nicht rechtzeitig zur Arbeit kommt, ein Dritter freut sich, weil der kontrollierende Polizist zufällig ein Kamerad aus dem Schützenverein ist. So vielfältig kann Denken sein, so unterschiedlich jede Emotion - bei ein und derselben Sache. Jeder Mensch ist nun mal ein anderer, da bleibt das nicht aus. Doch wenn man den Faden zu Ende spinnt, dann kommt eine Frage auf: Wenn drei Menschen, die drei Mal unterschiedlich denken, auch drei Mal unterschiedlich fühlen – wie ist es dann, wenn ich selbst unterschiedliche Gedanken zu einer Sache habe? Kann ich meine Gefühle zu einer Sache ändern, indem ich einfach ein, zwei, drei andere Gedanken über sie denke? Es kommt auf ein Experiment an.

Anders Denken – das Experiment

Stellen Sie sich vor, Sie sind niedergeschlagen, weil Ihre verhasste Schwiegermutter übers Wochenende zu Besuch kommt. Nur wegen ihr können Sie nicht zu Ihrem geliebten Fußballspiel. Schlimm genug. Es wird ein schreckliches Wochenende, das ist nicht zu vermeiden. Oder doch? Denken wir also! Und denken wir einmal anders: Die Umstände kennen wir, Sie sind am Boden zerstört. Doch bringen neue Gedanken wirklich eine Besserung Ihrer Stimmung?

Gedanke eins: Schwiegermutter, kein Fußball, Wochenende im Eimer. Sie fühlen sich elend. Das ist der Ausgangspunkt. Doch probieren wir es mit Gedanken zwei: Bei letzten Mal blieb sie eine ganze Woche! Gott sei Dank sind es nur zwei Tage, die gehen rasch vorüber. Zum Glück fällt nicht auch noch Mittwoch der Skatabend aus. Ein Glück.

Eine neue Idee, und schon tritt etwas Linderung ein. Ein Wochenende, das ist zu verkraften. Besser als eine ganze Woche. Anscheinend funktioniert das ABC-Modell; werden wir also mutiger und wagen Gedanken drei: Schaffen wir es, allein Kraft unserer Gedankenumstellung, uns sogar auf die Schwiegermutter zu freuen?

Wie eine Katastrophe zum Glücksfall wird

Überlegen Sie – welche Gedanken wären hierfür nützlich? Welche Aspekte sehen Sie noch nicht, die sogar im Angesicht der Schwiegermutter aus Ihnen einen zufriedenen Menschen machen? Allein schon die Gewissheit, dass Sie mit Ihrem Denken Einfluss auf Ihr Leben nehmen können, sollte Sie anspornen. Werde Sie kreativ, denken sie nicht allein in alten Bahnen - Sie sehen, wie schädlich das sein kann. Hier einige Tipps, wie es Ihnen wesentlich besser gehen könnte: Freuen Sie sich darauf, dass Sie nach diesem Wochenende wieder für ein Jahr Ruhe haben; dass Ihre Frau wieder wesentlicher zufriedener sein wird; dass die Kinder ihre Oma mal wieder sehen. Oder ist die Schwiegermutter gar eine gelungene Ausrede, an diesem Wochenende keine Überstunden zu machen? Plötzlich wird aus einem Drama gar ein ganz besonderer Glücksfall. Allein Ihr Denken, allein Ihre Einstellung, allein Ihre Ansichten – nichts steuert Ihre Gefühle so sehr wie Sie selbst.

Sich Gedanken machen, wie man denkt

Das ABC-Modell ist also nicht nur eine wissenschaftliche Erklärung für die Entstehung von Gefühlen. Das ABC-Modell ist ein nützliches Handwerkszeug, um Einfluss auf unseren Gesundheitszustand zu nehmen. Gedanken sind die Weichen, die unser Empfinden in verschiedene Richtungen lenken. Viele unserer Gedanken sind uns nicht einmal wirklich klar – dennoch: Zumeist sind es irgendwelche unbewussten Gedanken, Glaubenssätze, Ansichten, die darüber entscheiden, ob wir ein glücklicher oder unzufriedener Mensch sind. Im Umkehrschluss bedeutet das: Bekomme ich mein Fühlen in den Griff, wenn ich mir meiner Gedanken bewusst bin? Was sind meine (B) Gedanken, die mich (C) glücklich oder unglücklich machen? Und was kann, was muss ich an (B) den Gedanken ändern, um mich in (C) wieder besser zu fühlen? Wer Herr seiner Gedanken wird, schafft es auch, Herr seiner Gefühle zu werden. Frustration, Niedergeschlagenheit, ja sogar Depressionen – sind sie beherrschbar, einfach nur, indem man seine Gedanken bewusst einsetzt?

Bewusstheit kann heilen

Trotz allem bleibt das ABC-Modell ein theoretisches Modell. Im Alltag laufen diese Prozesse blitzschnell und unbewusst ab. Unbewusste Prozesse sind weitaus komplexer und umfangreicher, als dieses simple Schema erklärt. Doch in der Grundstruktur vermittelt das ABC-Modell alles, was es zu wissen gibt. Wer glaubt, was er schon immer geglaubt hat, wird fühlen, was er schon immer gefühlt hat. Neues Denken, neue Ansichten, neue Glaubenssätze– der Mut zur Veränderung im Kopf führt zu Veränderungen im Herzen.

Das bewusste Umdenken ist vor allen Dingen Übungssache. Es funktioniert nicht sofort, aber im Laufe der Zeit immer besser. Übung macht auch hier den Meister. Verlassen Sie die eingefahrenen Bahnen, haben Sie Mut, anders zu denken. Werden Sie sich ihrer hinderlichen Gedanken zunächst bewusst – und denken dann gezielt um. Nicht die Dinge selbst, einzig unsere Betrachtung entscheidet darüber, ob wir uns wohl fühlen oder nicht. Glücklichsein oder unglücklich – auf diese Weise ist es keine Frage des Schicksals mehr, sondern der bewussten Entscheidung, alles mit gesund machenden Ansichten zu betrachten.

Schuldgefühle

Schuldgefühle sind selten geworden in unserer Gesellschaft. Meist beschreibt „Schuld" lediglich einen neutralen Rechtsumstand, wenn jemand beispielsweise eine Delle in Ihr Auto fährt und zu Schadensersatz verpflichtet ist. Das Gefühl „Schuld" ist den wenigsten Menschen vertraut. Doch wer Schuldgefühle kennt weiß, dass es eine ähnlich starke Emotion wie Liebe oder Wut ist

Getrennt vom „Rechtsumstand" Schuld führen Schuldgefühle ein Eigenleben und unterliegen keiner logischen Denkweise. Missbrauchsopfer fühlen sich oft schuldig, selbst dann, wenn der reine Menschenverstand keine Schuldigkeit erkennen würde. Doch ähnlich wie die Liebe folgen Schuldgefühle keiner verstandesmäßigen Logik, sie können auch auftreten, wenn keine erkennbare Schuldigkeit vorliegt. „Rechtsumstand" und „Gefühl" sind zweierlei Dinge. Schuldgefühlen mit klaren, kalten Argumenten zu begegnen ist daher der falsche Weg. Wie redet man einem Verliebten seine Gefühle aus? Zunächst sollte man erfahren, was Gefühle überhaupt sind. Unser Gehirn ist in verschiedene Regionen eingeteilt, und in einer der entwicklungsgeschichtlich ältesten Regionen, dem limbischen System, entstehen unsere Gefühle. Andere Gehirnregionen sind für die Wahrnehmung oder das logische Denken zuständig, und die verschiedenen Areale stehen in Verbindung miteinander. Was wir sehen, löst Gefühle in uns aus, wie wir denken, bestimmt, wie wir fühlen. Und unsere Gefühle bestimmen wiederum unser Denken. Haben wir Hunger, können wir uns nicht auf die Rechenaufgaben in der Schule konzentrieren. Emotionen haben also ihre eigene Dynamik und bestimmen unser ganzes Erleben. Gefühle sind so real wie Gedanken. Gedanken können richtig oder falsch, logisch oder unlogisch sein. Bei Gefühle ist das ebenso: Wir erleben mit unseren Gefühlen die Umwelt und haben so eine Beziehung zu den Dingen um uns herum.

Wie wichtig Gefühle sind, kann man an der Angst erkennen: Angst ist eine starke Emotionen, die uns entweder Fliehen oder Kämpfen lässt. Bei einer Panikattacke erhöht sich der Puls und Blut wird aus den verschiedenen Organen (Verdauung, Gehirn) vermehrt in die Muskulatur gepumpt, um den Körper Kampf/Fluchtbereit zu halten. Man muss minutenlang kämpfen oder rennen können, um einer Gefahr zu begegnen. Gefühle dienten also ursprünglich dem richtigen Handeln. Sind Sie ein Kopfmensch oder handeln Sie „aus dem Bauch heraus"? Liebe ist allgemein ein schönes Gefühl, und auch Wut verspüren wir gelegentlich. Immer zeigen Gefühle auch Auswirkungen auf unser Denken und Handel. Doch wieso suchen grade Opfer von Untaten, entgegen allem Gerechtigkeitsempfinden, die Schuld immer wieder bei sich? Jeder Unbeteiligte würde doch das Opfer in Schutz nehmen wollen. Sind Schuldgefühle daher fast schon strafbar unlogisch und immer falsch?

Schuldgefühle gehören in den Bereich der Moral und gehören damit zu den sozialen Emotionen. Jeder Mensch hat einen Instinkt für Moral und Gerechtigkeit, der sich zum Beispiel daran äußern kann, dass man sich entschuldigt, wenn einem die Kaffeetasse herunterfällt oder man jemanden aus Versehen auf die Füße getreten ist. Man entschuldigt sich oder bekommt Entschuldigungen zu hören. Recht und Moral gehen ein enges Verhältnis ein. Mit einer Entschuldigung bekommt man zu verstehen, dass es dem anderen leid tut, er es wieder gutmachen will und es nicht wieder vorkommt. So ist das soziale Leben gesichert. Da der Mensch ein Gruppenwesen ist, sind diese Mechanismen für das Zusammenleben wertvoll und wichtig.

Im Falle eines Verbrechens, beispielsweise einer Vergewaltigung, geschieht ein Unheil und ein Unrecht. Unser Unterbewusstsein ist auf das Schema „Unheil – Entschuldigung – Alles wieder gut" eingestellt, weil man sich selber in einer solchen Situation auch entschuldigen würde. Aber die erhoffte Entschuldigung bleibt in diesem Fall aus – die Schuld wird nicht automatisch vom Übeltäter übernommen, wie dies bei einer heruntergefallen Tasse der Fall wäre. Die Schuldfrage fällt sozusagen in ein Vakuum, das für den Betroffenen nur schwer zu ertragen ist. Da die Schuldfrage nicht ewig ungeklärt bleiben kann, übernimmt schließlich der Betroffene die Schuld, um das ungeklärte Vakuum zu füllen. Frage wie „Was habe ich falsch gemacht? Habe ich es provoziert?" sind verzweifelte Versuche der Selbstklärung, da eine Fremdklärung ausbleibt. Das Vakuum saugt einen auf, und die Schuldfrage kann zu einer existenziellen Frage werden. Die Frage: „Habe ich den Fehler gemacht oder du?" ist unbedingt notwendig, um handlungsfähig zu bleiben. Wehre ich mich, entschuldige ich mich oder gehe ich einfach? Die Schuldfrage entscheidet darüber, wie man handelt.

Eine Lösung muss her, auch wenn sie nicht richtig ist. Es gibt das Bild eines Esels, der vor zwei großen Heuhaufen steht und sich nicht entscheiden kann, welchen er fressen soll. Schließlich verhungert er. Es muss also eine Lösung her, ob sie stimmt oder nicht, um handlungsfähig zu bleiben. Im Falle wiederholten Missbrauchs übernimmt das Opfer immer weiter die Schuld, genau in dem Maße, wie ihm Unheil geschieht. Es übernimmt die Verantwortung, die der Täter nicht tragen will – und fühlt sich reziprok zu dessen Vergehen schuldig: Je mehr Unheil ihm widerfährt, desto schuldiger fühlt sich das Opfer. Der Widerstand bricht in sich zusammen. Es kann sich dabei durchaus um einen sinnvollen Überlebensmechanismus handeln, da eine Schuldzuschreibung an den Täter sofort zu Widerstand führen würde – im Falle eines überlegenen Gegners in freier Wildnis ein fataler Fehler.

Es macht wenig Sinn, den Wolf moralisch zu verurteilen. Er würde es eh nicht verstehen, er ist ein Wolf. In der Wildnis ist die einzige Lösung, sich selbst die Schuld zu geben. Das gibt Kontrolle, weil es die Verantwortung an Sie überträgt. Solange ich Schuld habe, kann ich auch zur Behebung des Problems beitragen. Schuldgefühle machen also zu einem gewissen Grade sogar einen evolutionären Sinn. Wenn man von Gefahrensituationen ausgeht, gibt es verschiedene urzeitliche Reaktion: Die übliche Angriff-/ Flucht-Reaktion ist allgemein bekannt, der sogenannte Freeze-Zustand, in dem das Opfer in gestresster Anspannung verharrt und schließlich die Submission, die Unterwerfung unter einen überlegenen Gegner, gehören zu weiteren möglichen Reaktionen. In Schweden kam es zu einem Banküberfall, bei dem die Räuber einige Angestellte als Geiseln nahmen. Entgegen der Erwartung schlugen sich die Geiseln im Laufe der Tage auf die Seite der Bankräuber, eine Angestellte verlobte sich sogar mit einem der Geiselnehmer. Dieses Phänomen der Verbrüderung mit dem Feind bezeichnet man nach dem Ort des Ereignisses auch als „Stockholm-Syndrom." Die Gesetze der Wildnis, nach denen unsere Emotionen funktionieren, unterliegen also anderen Regeln als die Gesetze des Verstandes und der Logik. Doch warum fühle ich mich auch in vielen anderen Situationen plötzlich vermehrt schuldig?

Bei der Liebe und der Wut ist jedem der emotionale Ausnahmezustand vertraut. Ähnlich mächtig verändert sich das Denken auch unter Schuldgedanken. Das Schuldprogramm, das normalerweise inaktiv ist, ist in Gang gesetzt. Ihr Unterbewusstsein produziert Gedanken nicht auf der Liebes-, sondern auf der Schuldschiene. Denken Sie nur daran, wie Sie Ihren Einkauf planen: Sie gehen in Gedanken den Kühlschrank durch, und Ihnen fällt augenblicklich ein, wie viel Wurst, Butter und Quark noch im Kühlschrank sein müssten. Je hungriger sie sind, desto mehr kaufen sie ein: Sie legen Vorräte an wie ein Eichhörnchen. Ihr Gehirn phantasiert frei und liefert Ihnen die gewünschten Informationen aufgrund ihres Hungerprogramms. Je hungriger sie sind, desto näher ist die Hungersnot, desto mehr kaufen Sie also ein. Sie handeln aus ihrer Triebnatur. Genau dieser Prozess setzt bei dem Schuldprogramm ein: Auch hier phantasiert Ihr Gehirn und sucht nach weiteren Situationen, in denen Sie schuldig sein könnten. Sie finden eine Million Dinge, an denen Sie schuldig sind – am Leid der Welt, an der schlechten Launen ihres Freundes, daran, dass die Butter zu weich ist und dass es Kekse mit Schokoglasur gibt. Das ist ein Instinkt, um so weitere Gefahrensituationen im Voraus zu erkennen. Ein Überlebensmechanismus gerät aus den Fugen, und plötzlich fühlen sie sich an Gott und der Welt schuldig. Denken Sie daran, dass dieser Instinkt einmal sehr nützlich war. Warum ist es so unerträglich? Wie ist es, wenn Sie hungrig sind: Zuerst möchten Sie nur ein Brötchen, zwei Tage später könnten sie ein ganzes Pferd verschlingen. Ihr Unterbewusstsein ist eifrig damit beschäftigt, sich Gehör zu verschaffen. Der steigende Hunger zeigt an, dass dringender Klärungsbedarf besteht. Mehr nicht. Sie brauchen eine Lösung für das Problem mit dem Wolf.

Auch sind Schuldgefühle im sozialen Zusammenleben ja wichtig, etwa, wenn man einen anderen verletzt hat und ihn nun versorgen muss, damit er wieder gesundet. Auch normale Menschen können hin und wieder Schuldgefühle entwickeln – sie sind nur nicht so ausgeprägt und meistens ist es im Alltag mit einer Entschuldigung getan. Wenn Sie nicht frieren würden, nähmen Sie keine Decke. Unangenehme Gefühle sind also wichtig. Der Leidensdruck zwingt sie zu einer Veränderung. Es sind Signale, etwas zu ändern. Wie mit der Decke muss man erst lernen, mit diesen Warnsignalen der Seele sinnvoll umzugehen.

Schuldgefühle deuten im normalen sozialen Umgang auf eine Verantwortung hin, bei der reziproken Schuldübernahme ist dieses Rechtsempfinden jedoch verzerrt. Im normalen Alltag sind solche Mechanismen nicht mehr notwendig, deswegen sind Sie den meisten Menschen unvertraut. Nur bei Hunger oder beim Verliebtsein kennen die meisten Menschen das aus eigener Erfahrung: Man verliert die Konzentration, wenn man hungrig ist und denkt nur an den nächsten Kaffee. Das Programm Nahrungssuche läuft. Sie vergessen Ihre Umwelt für den Zeitpunkt der Nahrungssuche, nach dem Essen wenden Sie sich wieder anderen Dingen zu. Da sie nicht tausend Gedanken gleichzeitig denken können, setzt Ihr Unterbewusstsein Schwerpunkte: Sie denken nur noch ans Essen oder bei Verliebtheit nur noch an ihren Freund. Sie nehmen in solchen Situationen Ausschnitte der Umwelt verstärkt wahr und verlieren andere Teile der Umwelt aus den Augen. Dieser Prozess läuft bei jedem Menschen tausendfach ab. Beim Lesen eines Fahrplan konzentrieren Sie sich auf den Fahrplan, bei einem Gespräch auf Ihr Gegenüber, selbst bei dem Blick auf die Uhr springt ihre Aufmerksamkeit für eine Zehntelsekunde auf das Ziffernblatt. So bekommt die ganze Welt immer ein Stückchen von Ihrer Aufmerksamkeit, ganz nach Situation.

Verliebte haben ja keine Zeit mehr für ihre Freunde oder andere Dinge und stellen die verrücktesten Dinge an. Hier setzt das Programm Fortpflanzung ganz massiv Wahrnehmungsschwerpunkte. Es geht dann Schwerpunktmäßig nur noch um eines – die Liebe. Alles andere verliert an Priorität. Deswegen scheint es bei Ihnen so, als bestünde die Welt nur noch aus Schuld und Problemen, wenn gerade das Schuldprogramm aktiv ist. Ihr Unterbewusstsein „erkennt" (oder vielmehr: „produziert") vermehrt Schuldsituationen. Sobald Sie einen sinnvollen Umgang mit den zugrunde liegenden Ursachen gefunden haben, werden auch ihre Wahrnehmungen wieder normaler.

Schuld kann nach unseren westlich modernen Ethik nur dann entstehen, wenn eine Verantwortung zugrunde liegt. Sie sollten also zunächst prüfen, wie viel Verantwortung sie tragen wollen und können. Nicht immer ist es sinnvoll, die komplette Verantwortung für eine Situation zu übernehmen. Geben Sie Verantwortung ab – weisen Sie Schuld von sich und entwickeln Sie ein tragfähiges, gesundes Rechtsempfinden.

Wo liegt der wahre Grund für ein Problem? Mit einem Wandel der Sichtweise kann sich auch der Umgang mit einer Situation ändern. Es gibt kein eindeutiges Richtig oder Falsch. Verantwortung bleibt eine Frage der persönlichen Auslegung. Der „Zeiger der Schuld" weist bei depressiven Menschen immer nach innen, also zurück auf den Erkrankten. Die unangemessene Übernahme einer imaginären Schuld belastet den Menschen und gefährdet dessen Lebensqualität. Sinnvoller ist es, den Zeiger der Schuld richtig auszurichten und den Fehler nicht ausschließlich bei sich zu suchen.

Chemie der Angst

Krisen verstehen und bewältigen

Philosophen machen sich seit Urzeiten Gedanken zum Wesen des Menschen. Der Philosoph Max Scheler bezeichnet den Menschen als „Geistwesen", der sich durch seinen Verstand vom Tier unterscheidet. Doch wenn wir Hunger haben, Angst oder uns gar ein Bein brechen, sind wir nicht mehr geistreich überlegenes Wesen, sondern werden uns der eigenen Fehlbarkeit bewusst. Wie entstehen Krisen, wie meistert man sie?

Der Mensch ist mehr als nur die Summe seiner Gedanken. Losgelöst von der Natur, in Häusern und Straßenbahnen die Welt erlebend, sind wir nicht nur in eine Umwelt eingebunden, wir sind kulturelles Wesen. Doch unsere tierische Natur hat uns noch nicht ganz losgelassen: Wie haben einen Körper, der Hunger und Schmerz empfinden kann und manchmal werden wir schwach oder krank. Das Leben ist nicht perfekt, und wir selbst sind es auch nicht. Auch Tiere sind zu Gefühlen fähig. Liebe, Trauer, Schmerz, Angst, nicht viel unterscheidet uns von unseren vierbeinigen Gefährten. Die Sonderstellung des Menschen setzt uns also nicht auf einen exklusiven Thron. Im Grunde funktionieren wir immer noch wie unsere nächsten Verwandten, die Affen im Zoo.

Das Sein – reine Biochemie

Als Lebewesen brauchen wir Nahrung, um existieren zu können. Unser Körper ist ein biochemisches Wunderwerk – wir verwandeln Nahrung in Energie, die unseren Körper am Leben erhält. Die Fette aus unseren Speisen werden durch die Magensäure in ihre Bestandteile aufgespalten und durch das Blut in die kleinsten Winkel unsere Körpers zu den Zellen transportiert. Haben wir längere Zeit nicht gegessen, fällt der Nährstoffspiegel des Körpers ab, und die Unterzuckerung macht sich durch ein Hungergefühl bemerkbar. Der Hunger wiederum startet ein biologisches Programm, das unsere Nahrungssuche aktiviert: Wir steuern die nächste Pommesbude an. Gefühle sind anders als Gedanken nicht wertneutral – sie steuern unser Denken und Handeln. Sind wir verliebt, fühlen wir Schmetterlinge im Bauch und werden wie magisch zum anderen hingezogen. Auch wieder ein evolutionäres Programm: Das der Balz und der Paarung. Unsere Gene enthalten also mehr als nur die Erbinformationen über Schuhgröße und Augenfarbe. Ein Großteil unseres Denk- und Gefühlsapparates hat sich evolutionär entwickelt. Man spricht bei unseren evolutionär angelegten Verhaltensweisen ja auch von „Trieben." Da der Mensch seit Urzeiten aber schon in kulturellen Umgebungen existiert, sind diese Triebe verkümmert: Die moderne Anthropologie bezeichnet den Menschen als „instinktarmes Wesen."

Triebe: Zwischen Freiheit und Zwang

Wir sind also denkendes Wesen, doch immer noch ist unsere Triebnatur fester Bestandteil unserer Existenz. Unsere Triebanlagen gewährten das Überleben in freier Natur. Viele unsere Eigenschaften dienten der Existenzsicherung in einer gefährlichen, umständlichen Lebenswelt. Menschen, die keinen Hunger empfinden, drohen zu verhungern, wer keinen Schmerz empfindet, neigt zu Unfällen, wer nicht lieben kann, pflanzt sich nicht fort. Unsere meisten Gefühle und Gedanken haben also einen biologischen Sinn, man spricht in der Psychologie von „biological preparedness" (Seligmann, 1971). Was nicht funktionierte, konnte nicht überleben. In sofern ist unsere Triebausstattung eine Auswahl der besten Überlebensstrategien, die es in der freien Wildbahn zu finden gibt. Unsere Instinktausstattung ist unsere biologische Grundgerüst. Wir sind also viel mehr als nur die Summe unserer Gehirnfunktionen. Der Mensch ist ein Gesamtkunstwerk. Ein Großteil unseres Repertoires ist allerdings schon biologisch vorgegeben.

Die Macht der Hormone

Stress ist eines der Übel der modernen Gesellschaft. Alles muss schnell gehen, alles muss perfekt sein. Stress entstand auch dem prä-kulturellen Menschen: Bei der Feldarbeit, auf der Jagd, in Bedrohungssituationen. Sein Körper musste in bei diesen Gelegenheiten besonderen Anforderungen gewachsen sein: Er musste schnell, stark und kampffähig sein. Das Hormon Adrenalin schoss ins Blut, der Puls erhöhte sich und niedere Körperfunktionen, wie das der Verdauung, wurden zeitweilig reduziert. Das Gefühl der Angst erhöhte die Aufmerksamkeit und die Kampfbereitschaft. Das Bewusstsein schaltete vom Alltagstrott in den „Kampfmodus". Nicht mehr die Beeren, die der Mensch gerade sammelte oder die spielenden Kinder waren wichtig, sondern der angreifende Wolf geriet in den Fokus des Kriegers. Kampf oder Flucht? Erst wenn die Gefahr vorüber war, lies der Hormonschub nach. Selbst die gute alte Liebe wird gern als „hormoneller Irrsinn" bezeichnet. Viele biologische Funktionen werden über Hormone gesteuert. Die Fruchtbarkeit wird durch das Hormon Östrogen geregelt, wir schlafen erst ein, wenn der Körper das Schlafhormon Melatonin ausschüttet. Jeweils unterschiedliche Zellen und Organe reagieren auf diese Hormone und lösen entsprechende Körperfunktionen aus. Hormone sind die emails des Organismus.

Selektive Wahrnehmung

Die Aufnahmefähigkeit unserer Wahrnehmungsorgane ist begrenzt. Wir können mit unseren Sinnen nicht alle Umweltreize gleichzeitig verarbeiten. Was wir erkennen oder bewusst wahrnehmen, ist immer nur eine Auswahl an theoretisch unendlich vielen Reizangeboten der Umwelt. Allein an Werbebotschaften sollen den modernen Menschen bis zum zweitausend Reize täglich erreichen. Wir begegnen der Reizflut, indem wir nur eine begrenzte Auswahl von Reizen bewusst wahrnehmen: Man spricht von „selektiver Wahrnehmung." Frieren wir, können wir nicht still sitzen und in Ruhe fernsehen. Es gibt also ein Abstufung in der Wahrnehmung – bedrohliche Reize zuerst, dann alles andere. Verspüren wir Angst, nehmen wir zugleich auch viel mehr Dinge wahr, die bedrohlich sein könnten. Unsere Wahrnehmung, unsere Sichtweisen, immer nur nehmen wir einen begrenzten Teil der Welt wahr. Sind wir verliebt, hängt der Himmel voller Geigen, sind wir schlecht gelaunt, scheint unser Partner alles falsch zu machen. Gefühle und Denken bedingen sich also gegenseitig. Geist und Körper sind damit also immer in einem gegenseitigen Wechselspiel verbunden: Gut oder schlecht – alles nur ein Frage der Sichtweise, eine Frage der „Wahr"-nehmung.

Kopf an Kopf: Angst und andere Gefühle

Unser Erleben wird im Gehirn erzeugt und durch Botenstoffe geregelt. Die normale Reaktion auf unsere Umwelt ist, dass auf einen Reiz eine Reaktion erfolgt. Wir sehen eine Spinne und bekommen einen Schrecken. Erfolgt eine Reaktion, ohne dass ein Reiz zugrunde liegt, leiden wir an einer Störung. Ängste können auch ohne Ursache auftreten, das hätte dann einen Krankheitswert - ebenso können wir aber auch glücklich sein, ohne dass immer gleich ein Clown neben uns stehen muss. Empfindungen müssen also nicht immer in realen Situationen begründet sein. Wir sind Herr unseres Denken und Handelns, unabhängig von den Reizen unserer Umwelt. Entspannungsmethoden wie das Autogene Training oder die Progressive Muskelentspannung versuchen, die Verknüpfung des Geistes mit dem Stress der Umwelt zu unterbrechen. Realität und Erleben bilden keine Einheit: Denken ist selektiv, Denken ist individuell. Wir erleben die Welt nicht, wie sie ist, sondern wie wir sie sehen wollen. Wie wir fühlen bestimmt, wie wir denken.

Die Logik der Angst

Gefühle waren ursprünglich sehr gewichtig und zudem extrem intensiv, weil sie unser komplettes Verhalten steuern mussten. Wer Angst empfand, musste kilometerweit rennen (flüchten) könne, ohne stehen zu bleiben, wer Wut empfand, solange kämpfen können, bis er den Sieg errang. Selbst unsere grundlegenden Körperfunktionen ändern sich unter den Einfluss starker Emotionen: Bei Angst wird verstärkt Blut aus dem Blutkreislauf in die Muskulatur gepumpt, niedere Funktionen wie Verdauung oder das Denkens des Gehirns werden weniger versorgt. Gefühle dienten also ursprünglich dem richtigen Handeln. Unsere Triebstruktur ist grundsätzlich noch vorhanden, doch können wir eine Panikattacke heute nicht mehr in zwanzig Kilometer Dauerlauf umsetzen. Wir erleben Ängste und Wut also als „sinnlose" und „belastende" Emotionen. Ursprünglich grundlegende Instinkte laufen heute einfach ins Leere.

Systematische Desensibilisierung

Zunächst ist Angst ein durchaus sinnvolles Gefühl, das den Menschen vor Gefahren schützt. Jeder sollte Angst verspüren, wenn er an den Rand einer zwanzig Meter hohen Klippe tritt oder einem bis an die Zähne bewaffneten Bankräuber gegenüber steht. Hinderlich sind Ängste allerdings, wenn sie die Bewältigung des Alltags beeinträchtigen, wenn man beispielsweise Angst hat, unter Menschen zu gehen oder vor die Tür zu treten. Da Angst in unseren Gefühlszentrum im Gehirn entsteht, lässt sie sich nicht logisch weg argumentieren. Es reicht also nicht aus, sich nur einzureden, dass keine Gefahr besteht: Das Gefühl kann dennoch weiter bestehen bleiben. Ängste verschwinden allerdings meist, wenn eine gewisse positive Gewöhnung an eine Situation eintritt. Die meisten fühlen sich unter fremden Menschen wohler, wenn man sie eine Weile lang kennt. Diesen Gewöhnungseffekt macht man sich bei der Systematischen Desensibilisierung zunutze. In einem ersten Gang versetzt man sich gedanklich in die angstbesetzte Situation (in sensu) und geht solange darin um, bis die Angst nachlässt. Erst zu einem späteren Zeitpunkt nähert man sich der angstbringenden Situation dann in weiteren kleinen Schritten in der Realität (in vivo). So baut man das negative Gefühl in kleinen, verkraftbaren Schritten ab.

Die Angst akzeptieren

Gefühle begründen sich selbst, rein durch ihre Existenz. Konkrete Angst vor Dingen oder die körperliche Reaktion auf einen externen Auslöser („Trigger"): Die Biologie des Körpers verrät nicht viel über die konkreten Ursachen. Wirken die Hormone, spielt das Programm der Seele „Kampf oder Flucht." Ob wir wollen oder nicht. Unser Körper ist mal wieder im „Kampfmodus". Wir können Angst empfinden, ohne das dazu ein Anlass oder eine Notwendigkeit besteht. Es reicht schon, der Angst ihren Schrecken zu nehmen, wenn man davon ausgeht, dass ein schlichter Hormonfehler unser Denken und Fühlen bestimmt. Angst muss nicht immer hinderlich sein, sie kann auch immense Kraft verleihen. Wer die Angst nicht verdrängen will, sondern als bedeutsame Emotion respektieren kann, gewinnt ein Stück Freiheit im Umgang mit einem ansonsten sehr hinderlichen Gefühl.

In bester Gesellschaft

Es macht Sinn, Angst als Gefühl zu akzeptieren und nicht verdrängen zu wollen. Wer die Angst unterdrücken will, verstärkt sie nur. Es ist erlaubt, Angst zu haben. Selbst berühmte und erfahrene Schauspieler leiden auch nach Jahren auf der Bühne immer noch am altbekannten „Lampenfieber." Menschen mit Ängsten sind also in bester Gesellschaft. Mut, sagt man ohnehin, sei nicht das Fehlen von Angst, sondern die Gabe, alles trotz der Angst zu tun. Eine Angst, die man versteht ist eine Angst, die man überwinden kann.

Sichere Distanz

Die Kunst, sich abzugrenzen

Menschen nehmen aktiv an ihrer Umwelt teil. Jeder freut sich, wenn die Lieblingsmannschaft des Europacup gewinnt. Doch wenn es draußen regnet, der Chef schlechte Laune hat, die Kinder nur Fünfen nach Hause bringen, ist es erforderlich, eine gesundes Distanz zu den Ereignissen und Menschen um sich herum aufbauen zu können. Die Kunst ist es, sich liebevoll abzugrenzen

Das Wechselspiel zwischen Nähe und Distanz regelt unser gesamtes Leben. Den einen Menschen fühlen wir uns verbunden, wie unseren Freunden im Sportverein oder der Kochgruppe, zu anderen haben wir eine große Distanz, lehnen sie sogar ab, wenn es beispielsweise um extreme politische Anschauungen geht, die man nicht teilen kann. Zu Freunden hat man eine liebevolle Nähe, zu seinen Feinden eine gesunde Distanz. Wir schützen uns durch gesunden Abstand vor fremden, meist negativen Einflüssen. Die größte Distanz hätte man gewiss, wenn man ganz aus der Gesellschaft aussteigt und sein Leben in einer einsamen Berghütte verbringen will. Doch wer im Kontakt zu anderen Menschen steht, unterliegt auch deren Einflüssen.

Ich bin ok, du bist ok

Wer ist in Ordnung, wer nicht? Die Transaktionsanalyse geht davon aus, dass man sich oder andere entweder gut („ok") finden oder eben schlecht („nicht ok") finden kann. Eine Frau, die ihren Mann ausschimpft, weil er die Socken im Flur liegen ließ, findet sich selbst „ok" und ihren Mann „nicht ok."

Wie man die Welt betrachtet, so geht man mit ihr um. Menschen, die an Minderwertigkeitskomplexen leiden, haben ein negatives Selbstbild. Die Sekretärin, die denkt „Ich bin nicht ok, du bist ok" wird die bösen Blicke ihres Chefs persönlich nehmen und als Zeichen ihres Versagens deuten. Möglicherweise wird sie sich noch Tage später fragen, was sie falsch gemacht hat und vor Schuldgefühlen kaum schlafen können. Mit der Grundhaltung „Ich bin ok, du bist ok" wäre das nicht passiert: Vielleicht hatte der Chef einen schlechten Tag, vielleicht eine unangenehme Begegnung im Aufzug, oder vielleicht war er einfach nur im Stress wegen der vielen Gespräche, die er führen musste. Die Sekretärin gibt sich an nichts die Schuld. Nicht das Verhalten des Chefs ist also Auslöser ihres positiven oder negativen Denkens, sondern ihre eigene Grundhaltung zu sich und der Welt.

Die anderen machen nicht unsere Gefühle

Da ein und dasselbe Verhalten des Chefs gleich mehrere, sehr unterschiedliche Reaktionen der Sekretärin auslösen kann, liegt es nahe, dass nicht der Chef Einfluss auf ihre Gedanken hat, sondern die Sekretärin Herrin der eigenen Gefühle ist. Nicht was in der Welt geschieht beherrscht uns, sondern wie wir darüber denken. Die eine Dame ist über einen Blumenstrauß hoch erfreut, die andere schwer enttäuscht, weil sie lieber Pralinen wollte. Glück oder Leid – einzig Frage der passenden Gedanken. Wir machen also unsere Gefühle selbst, einzig durch unser Grundhaltungen zu den Ereignissen um uns herum. „Du machst mich wütend!" wird die erboste Hausfrau über die Socken denken, doch in Wirklichkeit sind ihre Gedanken schon seit Tagen durcheinander, weil sie sich von ihrem Mann vernachlässigt fühlt. Sind es wirklich zwei Socken, für die sie ihre gute Laune aufs Spiel setzt? Sie schneidet sich ins eigene Fleisch, denn in der Zeit, die sie sich über ihren Mann aufregt, verpasst sie doch glatt ihre Lieblingssendung im Fernsehen und sagt sogar den Damenabend mit ihren Freundinnen ab, weil sie nicht mehr in Stimmung ist. Es ist also wichtig, seine eigenen Gedanken und Gefühle genau zu betrachten und sich darüber klar zu werden, dass nicht andere uns glücklich machen oder traurig, sondern nur wir selbst. Es ist also zum einen unfair, anderen die Verantwortung für die eigenen Gefühle zu geben, zum anderen nutzlos, da es einfach nicht den Tatsachen entspricht. Nur wer sich klar ist, dass er seine Gefühle selber macht, kann sich auch der Macht erfreuen, die dieses Wissen ihm verleiht: Er kann an seiner Zufriedenheit arbeiten, ohne sein Wohlbefinden von äußere Faktoren abhängig zu machen. Ein ungeheurer Gewinn an Freiheit.

Liebevolle Distanz

Wir können uns aus einer zu engen Verflechtung mit den Menschen um uns herum lösen, wenn wir, zumindest in gewissen Dingen, eine gesunde Distanz aufrecht erhalten. Wir müssen auch als Paar oder als Freunde nicht immer einer Meinung sein, wir müssen nicht immer die gleichen Dinge tun. Vor allem müssen wir nicht immer das denken und tun, was andere von uns erwarten. Manchmal ist Gemeinschaftsgefühl eine angenehme und wichtige Sache, denn der Mensch ist ein soziales Wesen, doch hin und wieder ist es auch sinnvoll, sich vom anderen emotional abgrenzen zu können. Die Fünfen in der Schule sind sicher keine angenehme Sache, doch es liegt an den Kindern, fleißiger zu lernen und nicht an den Eltern. Niemand kann ihnen das Lernen abnehmen, niemand kann die Klassenarbeiten für sie schreiben. Man muss eine klare Trennlinie ziehen – zwischen eigenen, fremden und gemeinsamen Problemen. Nur der Teil, den man selbst beeinflussen kann, gehört auch in unseren individuellen Handlungsbereich.

Die Kunst, sich abzugrenzen

Es gibt Zeiten, in denen muss man näher zusammenrücken. Erkrankt der andere an einer Grippe, ist liebevolle Fürsorge und ein zärtlicher Umgang gewiss nicht schädlich. Doch auf der anderen Seite ist es manchmal notwendig, auf Distanz gehen zu können. Plant der Partner, seinen Job zu kündigen und auf eine einsame Insel zu ziehen, muss man seine Gedanken in Frage stellen dürfen und nicht gleich die Koffer packen, um mitzureisen. Anderer Meinung zu sein ist kein Verrat am anderen, sondern das gute Recht eines jeden Individuums. „Ich bin ok, du bist nicht ok" darf jeder mal denken, wenn man mit den Dingen nicht einverstanden ist, die andere sagen oder tun. Gemeinschaft heißt nicht, immer und alles gut zu heißen. Der andere ist für sich selbst verantwortlich, wir müssen nicht unentwegt für andere sorgen oder gar für sie denken. Fürsorge und Freundschaft sind wichtig, doch es gibt Grenzen für jede Form der Verantwortung. So, wie wir nur selbst für unser Denken verantwortlich sind, ist es auch der andere. Niemand kann erwarten, dass andere für ihn denken, handeln oder leben. Nähe und Distanz sind keine festen Größen, sondern folgen einem dynamischen Verlauf, einen ständigen Wechsel zwischen Geben und Nehmen. Nur wer beizeiten auf Distanz gehen kann, kann auch echte Nähe zulassen.

Worte im Zorn

Unangebrachter Kritik begegnen

Wenn andere nett zu einem sind, scheint die Welt in Ordnung zu sein. Doch nicht immer sind andere Menschen zufrieden. Manchmal hagelt es böse Bemerkungen und Kritik. Wie verteidigt man sich, wie geht man mit Kritik und Angriffen anderer Menschen um?

Der kleinen Bärbel fällt die Tasse herunter und die Mutter schimpft. Kritik scheint also eine Reaktion auf die Fehler zu sein, die wir machen. Machen wir keine Fehler, richten wir auch keinen Schaden an. Doch ist das wirklich so einfach? Mutter meckert auch, wenn Bärbel mit dreckigen Schuhen vom Spielen kommt und wenn sie ihre Freunde mitbringt. Gibt es immer einen guten Grund für Kritik? Manchmal hatte Mutter einfach nur einen schlechten Tag und beschimpft die kleine Bärbel, weil sonst niemand in der Nähe ist, auf den sie sonst wütend sein kann. Bärbel beschleichen Schuldgefühle und sie hat große Angst, wieder einen Fehler zu machen.

Kritik ist nur eine von vielen möglichen Reaktion

Mutter glaubt, ihr Verhalten sei nur eine Reaktion auf Bärbels Ungeschicklichkeiten. Doch als Bärbel bei einer Freundin frühstückt und Klarissa das Glas Kakao vom Tisch rutscht, fragt deren Mutter bestürzt: „Schatz, alles in Ordnung?" und nimmt wie selbstverständlich ein Kehrblech, um die Scherben aufzuheben. Kein böses Wort, keine genervten Blicke. Bärbel ist überrascht. Gibt es keinen Grund zu schimpfen? „Kleine Ungeschicklichkeiten passieren doch jedem." lächelt Klarissas Mutter und nimmt ein frisches Glas aus dem Schrank. Zum ersten Mal erkennt Bärbel, dass man Fehler machen darf, ohne bestraft zu werden. Das Frühstück geht wie selbstverständlich weiter und es wird viel gelacht. Andere Mütter, andere Gedanken. Bärbel fragt sich, wo der Unterschied zwischen ihrer und Klarissas Mutter liegt und warum Menschen Dinge unterschiedlich sehen.

Ereignis und Reaktion

Vielen Menschen denken in klaren Kategorien, teilen die Welt in Gut und Schlecht, Richtig und Falsch. Doch handelt es sich dabei nicht feststehende Wahrheiten, sondern um erlernte Sichtweisen, die sich von Mensch zu Mensch unterscheiden. Bärbel hat eine Mutter, die in ihrem Kind einen kleinen Trottel sieht, Clarissas Mutter ist weitaus toleranter und gesteht jedem Menschen seine Eigenheiten zu. Selbst wenn Bärbel die böse Kritik der Mutter erntet, ist doch ihr Verhalten nicht der wahre Grund für Mutters Unzufriedenheit. Nicht die Sache an sich, erst die individuelle Laune des Kritikers macht eine Sache zum Problem. Bärbel sucht das Problem nicht länger bei sich, sondern beginnt, ihre Mutter in Frage zu stellen. Warum muss sie immer quengeln, alles negativ sehen? Sie beschließt, sich nicht mehr schuldig zu fühlen, wenn Mutti wieder etwas bemängelt. Fehler passieren doch jedem. Das weiß sie nun.

Der Kritiker erschafft erst das Problem

Umgang mit Kritik fällt vielen Menschen schwer, weil sie sich zugleich auch als Mensch in Frage gestellt sehen. Doch wie Bärbel erkennt, hat nicht immer automatisch der Kritiker recht - geht es bei Kritik doch nicht allein um eine bestimmte, fehlerhafte Sache, sondern auch um Macht. Man unterscheidet zwischen der Sachebene auf der einen Seite und der Beziehungsebene auf der anderen. Der Kritiker nimmt die Wahrheit für sich im Anspruch und greift den anderen an, will die Situation kontrollieren. Kritik ist also eine Grenzüberschreitung und ein Eingriff in die Handlungsfreiheit eines anderen. Losgelöst von der Sache ist also der Kritiker auch zugleich der Aggressor. Warum sollten sich andere nach dessen Wünschen richten? Bärbel beginnt, die Launen der Mutter genauer zu untersuchen und sie kritisch zu hinterfragen. Sie sucht das Problem und die Schuld nicht länger bei sich, sondern im fehlerhaften Denken ihrer Mutti. Sie hatte einen schlechten Tag und nimmt Bärbel als Ventil für ihre Launen. Das kann Bärbel besser ertragen, als unentwegt den Fehler bei sich zu suchen.

Der Sinn von Kritik

Kritik kann unterschiedliche Zwecke erfüllen. Konstruktive Kritik dient der Verbesserung einer Sache, zum Beispiel, wenn die Lehrerin Bärbel im Zeichenunterricht eine bessere Strichführung beibringt. Konstruktive Kritik ist also für beide Seiten ein Gewinn. Anders die Schelte der Mutter, die dazu neigt, sich über alles aufzuregen. Hier ist Kritik hinderlich und belastet das Zusammenleben. Der Kritiker schafft Probleme, wo zuvor keine waren. Man muss die Schuld an richtiger Stelle suchen und manchmal von sich weisen. Bärbel aber lässt Mutters Kritik über sich ergehen, misst ihr aber keine Bedeutung mehr bei. Der Kritiker nimmt nicht nur zu einer bestimmten Sache Stellung, sondern offenbart auch zugleich seinen launischen, destruktiven Charakter. Bärbel weiß nun, dass die Kritik mehr über die Person der Mutter aussagt als über die angesprochene Sache, also Bärbels angebliche Fehler. Man spricht vom „Selbstoffenbahrungs-Charakter" einer Botschaft.

Abgrenzen lernen

Auf der Beziehungsebene ist unangemessene Kritik ein Verstoß gegen die Regeln eines positiven Umgangs miteinander. Kritik ist ein Kommunikations-killer. Dem Kritiker kann man also ebenfalls Vorhaltungen machen. Sein Ver-halten zeugt von dessen höchst eigenen Problemen mit sich und der Welt, so dass seine Worte wenig mit der Sache selbst zu tun haben. Auf diese Weise kann man Kritik an die Quelle zurückweisen. Nicht immer ist im Recht, wer am lautesten schreit. Man muss dem Kritiker nicht immer entsprechen oder ihm alles recht machen – es macht Sinn, dessen Forderungen zu hinterfragen und auch schon mal „Nein" zu sagen, wenn die Forderungen unangemessen sind. Ein Kritiker hat nur die Macht, die wir ihm geben. Der Sklave macht den Herrn.

Verantwortung übernehmen

Glücklich werden soll man nur, wenn man in der Lage ist, die hundertprozentige Verantwortung für sein Handeln zu übernehmen. Doch Verantwortung bezieht sich hier auf weit mehr als um die Verantwortung für einen vermasselten Fernsehabend oder eine heruntergefallene Tasse Milch. Was ist Verantwortung, wie weit geht Verantwortung, wozu berechtigt Verantwortung?

Wer ist nicht schon einmal „zur Verantwortung gezogen" worden? Wenn das Mittagessen anbrannte, raunte die ganze Familie, wenn der Fernsehabend misslang, fand sich rasch ein Schuldiger in der nachlässigen Gastgeberin. Verantwortung scheint also auch immer etwas mit „Schuldigkeit" und „Strafe" tun zu haben – wer verantwortlich ist, trägt die Haftung für das entstandene Unheil. Verantwortung für sein Leben zu übernehmen, scheint auf den ersten Blick zu bedeuten, dass man an allem auch noch selber Schuld ist. Doch Verantwortung bedeutet nicht automatisch, das Büßerhemd anzuziehen und jedes Unrecht über sich ergehen zu lassen. Haftung ist nur der negative Aspekt der Verantwortung – nicht immer geht es um Schuldigkeit und Schadensverantwortung. Verantwortung im positiven Sinne bedeutet Gestaltungsfreiheit und Entfaltungsmöglichkeiten.

Verantwortung – Braut mit zwei Gesichtern

Verantwortung kann auch einen ganz anderen Charakter haben. Ein Lehrer oder Arzt etwa tragen auch Verantwortung. Sie lehren und heilen und tragen damit zur positiven Gestaltung der Welt bei. Auf diese Weise kann Verantwortung auch angenehm und positiv sein. Verantwortung lediglich für Schuldzuschreibungen zu missbrauchen, kommt also dem wahren Charakter der Verantwortung nicht nach. Die positive, gestalterische Variante der Ärzte und Lehrer hat viel mit Freiheit und Erfolg zu tun – also nicht automatisch mit Elend und Desaster der negativen Verantwortung. Verantwortung für das eigene Leben zu übernehmen bedeutet also nicht, sich alle Schuld auch noch in die eigenen Schuhe zu schieben – sondern die Gestaltbarkeit des Schicksals zu spüren und die positive Ausrichtung des eigenen Lebens in den Vordergrund zu nehmen.

Gestaltverantwortung – zum Schöpfer in eigener Sache werden

Positive Verantwortung beinhaltet viele Freiheiten. Die Gastgeberin, die Verantwortung für einen angenehmen Spieleabend trägt, hat zwar viele Aufgaben, zugleich aber auch viele Freiheiten. Sie tätigt die Einkäufe, das ist der Arbeitsteil. Aber sie entscheidet auch, ob es Lasagne oder Pizza gibt und welchen Wein man am besten dazu verköstigt: Das ist der Freiheits- und Gestaltungsteil. Verantwortung ist auch Arbeit und Risiko, aber eben nicht nur: Der Gestaltungsteil überwiegt durch seinen großen Anteil an Freiheit und Eigenverantwortung und Wahlfreiheit. Löst man sich von der Schuldvariante, findet man sich in der Gestalterrolle wieder. Man wird vom Opfer des Schicksals zu dessen Gestalter - und die Gastgeberin hat es aller Wahrscheinlichkeit nach mit glücklichen Gästen zu tun, nicht mit unzufriedenen, und kann stolz auf ihr

Tageswerk sein. Die Pflicht, allein für sich zu sorgen, also niemand anderem die Verantwortung für die eigene Existenz zuzuschreiben, kann uns niemand abnehmen. Seine Probleme zu lösen führt aber nicht zwangsläufig in die Katastrophe – so prophezeit es die negative „Sündenverantwortung," nicht aber die Gestaltungsverantwortung: Die positive Form der Verantwortung trägt zu einer erfolgreichen und glücklichen Lebensgestaltung bei. Schuldverantwortung schürt die Furcht vor Fehlern und Unheil – die positive Gestaltungsverantwortung bedeutet aber absolute Gestaltungsfreiheit, bedeutet Handlungsfreiheit, bedeutet, dass vieles gut läuft und das Gelingen einer Sache in den eigenen Händen liegt, und lässt die Chance zu positiver Entwicklung. Schuldverantwortung ist eher problem-, Gestaltverantwortung lösungsorientiert: Während Schuldverantwortung noch die heruntergefallene Tasse beklagt, trinkt Gestaltverantwortung bereits Milch aus einem neuen Glas.

Mündig Verantwortung übernehmen

Den Schuldanteil senken, den Gestaltungsanteil erhöhen – Verantwortung kann Spaß machen. Wir sind nicht unausweichlich Opfer unseres Schicksals, sondern können uns zum Gestalter unseres Lebens entwickeln. Wurde uns die falsche Art der Verantwortung vorgelebt, so ist das kein unwiederbringbarer Fehler – die Fähigkeit zu eigenverantwortlichem Leben und Handeln lassen sich erwerben und erlernen. Die Chance ist da, und wir haben das Potenzial. Und manchmal ist das Einzige, was wir brauchen, nur eine faire Chance – die wir uns auch noch selber geben können.

Die große Angst vor dem Erfolg überwinden

Gewinner werden bewundert. Jeder möchte sein wie sie. Doch auf der anderen Seite gibt es viele Menschen, die am Leben scheitern. Grund sind dafür oft nicht allein äußere Umstände, sondern psychologische Faktoren: Erfolg wird oft mit Skrupellosigkeit gleichgesetzt oder dem Erfolgreichen werden Superkräfte zugeschrieben. Gibt es einen Ausweg aus der „Denkfalle Erfolglosigkeit"?

Unsterblich wird man durch die Erinnerungen, die man hinterlässt. Sigmund Freud und Albert Einstein veränderten die Welt. Helden wie sie sind in aller Munde. Doch sind es wirklich außergewöhnliche Fähigkeiten, die Menschen ruhmreich werden lassen? Albert Einstein wird seiner genialen Ideen gerühmt, kaum jemand spricht davon, dass der ehemalige Patentamtsangestellte auch seinen Teil leisten musste: Er studierte Physik und musste während des zweiten Weltkriegs in die USA emigrieren. Erst auf der Basis seiner umfangreichen Ausbildung war sein innovatives Denken und Schaffen möglich. Und er hatte viele Gegner, die seine Theorie anfeindeten. Eine Kommission von etablierten Physikern sammelte Unterschriften gegen seine Relativitätstheorie. Einstein erwiderte darauf: „Ich brauche nicht hundert Gelehrte, die mir widersprechen. Einer würde reichen, wenn er meine Theorie widerlegt." Glorreiche Helden stammen also nicht aus dem Olymp, sondern haben mit irdischen Problemen zu kämpfen.

Der erfolgreiche Mensch - Genie und Mythos

Berühmte Männer werden gefeiert für die Erfolge in Wissenschaft und Wirtschaft. Glanzlichter am Horizont der Mächtigen. Doch selten wird darauf geachtet, welches Leben diese Helden wirklich führten. Harte Arbeit, zahlreichen Mühen und viele Niederlagen zeichnen auch den Weg der Berühmtheiten. Doch wie war der private Albert Einstein? Er war verheiratet, soll aber kein guter Ehemann gewesen sein. Privat sind auch die Mächtigen nicht mehr als ganz normale Menschen mit einem mehr oder weniger normalen Leben. Einsteins Sexleben ist nicht von Bedeutung für die Wissenschaft der Welt, aber für Einstein selbst sicher von Belang. Er spielte leidenschaftlich gern Violine, und das tat er, obwohl es ihn nicht berühmt machte. Geht es nicht nur um den vergänglichen Ruhm in den Zeitungen seiner Zeit, sondern um die Fähigkeit, ein erfülltes Leben zu führen, sind auch andere Menschen durchaus in der Lage, glücklich zu werden. Nicht erst der Nobelpreis machte aus Einstein einen genialen Physiker, er honorierte nur die Leistung eines engagierten Gelehrten. Aber Einsteins Ehefrau kochte deswegen noch lange nicht besser. Der Mensch und private Einstein ist unbekannter, aber genau so wichtig wie die „Ikone" Albert Einstein.

Ganz normale Helden

Wer die Biographien berühmter Menschen liest, erkennt darin, dass Erfolg kein einmaliges sensationelles Ereignis wie ein Lottogewinn ist, sondern Ergebnis eines nicht immer gerade verlaufenden Entwicklungsprozesses. Unsere Medien sehen den Erfolg romantisch verklärt, indem sie Wissenschaftler und Geschäftsleute zu Helden erklären. Doch Extreme sind immer gefährlich.

Auch unsere Helden haben recht irdische Wurzeln und Geschichten und auch Probleme wie jeder andere Mensch. Es macht also wenig Sinn, sich mit dem übertriebenen Heldenbildern zu messen, sondern man sollte den ganzen Menschen betrachten. War Einstein glücklich? Erfolg allein ist noch kein Garant für Zufriedenheit. Man sollte also davon abkommen, sich an dem überzogenen oder verträumten Bildern aus Presse und Öffentlichkeit zu orientieren. Erfolg ist für viele erreichbar, je nachdem, wie man Erfolg definiert.

Ideale sind nur gesellschaftliche Vorschriften

Jedes Zeitalter hat seine Helden. Im christlichen Glauben sind es die Heiligen, in den heidnischen Religionen die Halbgötter wie Odysseus, denen man außergewöhnliche Fähigkeiten und Geschichten zuschrieb. In unserer wissenschaftlich aufgeklärten Zeit sind es die Gelehrten, und weil wir in einer freien Marktwirtschaft leben, auch die Reichen und Schönen, die unsere Bewunderung ernten. Noch in der Bibel heißt es: Eher geht ein Kamel durch ein Nadelöhr, als dass ein Reicher in den Himmel kommt. Enthaltsamkeit als Signal des Unendlichen. Ideale ändern sich mit der Zeit und sind daher ein Anzeichen für den Zeitgeist. Alles unterliegt dem Wandel, vor allem das Denken der Menschen. Wir sind also frei in den Zielen, denen wir nacheifern wollen. Was ist aber nun Erfolg? Wer berühmt werden möchte, sieht sich vor unüberwindbare Schwierigkeiten gestellt. Wie wird man der zweite Einstein? Berühmtheit ist ein durch falsche Ideale ins Leben gerufenes verfehltes, weit überzogenes Ziel – nur erreichbare Pläne und kleine Schritte zeichnen den Weg zu realisierbarem Erfolg aus.

Das richtige Denken lernen

Zunächst sollte man definieren, was Erfolg überhaupt ist. Für den Schüler, der immer Vieren in der Schule schreibt, ist eine Drei ein erreichbares Ziel. Zu erwarten, dass man für seinen nächsten Aufsatz den Literaturnobelpreis bekommt, schürt allerdings nur Frustration. Ziele sollten realistisch sein und umsetzbar. Überzogene Erwartungen herunterschrauben ist also der erste Schritt in ein zufriedenes Leben. Setze dich nicht künstlich unter Druck. Erwarte nicht zu viel von dir, erwarte aber auch nicht zu wenig. Bleibe in deinem Denken also vor allen Dingen realistisch. Dem erfolgreichen Sportler reicht es, im Dauerlauf eine Sekunde schneller zu werden, dem Geschäftsmann reicht eine Umsatzsteigerung von drei Prozent, um ein „Erfolgserlebnis" zu haben. Im Rahmen seiner Möglichkeiten das Optimum herauszuholen ist ein sinnvolles und realistisches Unterfangen. „Think big!" ist ein amerikanisches Prinzip, aber vor allem sollte man keine Erwartungen an sich richten, die einen überfordern und damit unglücklich machen.

Gewollte Denkblockaden: Gedanken als Erfolgshemmnisse

Im Prinzip möchte jeder Mensch erfolgreich sein und besser stehen als andere. Das einfachste Schritt ist daher, Konkurrenz möglichst klein zu halten. Wer das letzte Stück Apfelkuchen nicht kriegt, will zumindest, dass es auch dem anderen nicht schmeckt. Der Gegenpol zu Erfolg ist also Neid. Wer dennoch das letzte Stück Kuchen nimmt, dem wird automatisch von allen anderen Egoismus und Verfressenheit unterstellt. Erfolg wird also meist als sehr negativ dargestellt: Der Frau, die im Management nach oben steigt wird unterstellt, sie habe sich nach oben geschlafen, dem Mann, dem ein erfolgreiches Geschäft gelingt, wird Korruption angehangen. Die Neider ziehen ihren

Lustgewinn aus der Denunziation. Anstelle des Erfolges belohnen sie sich mit der moralischen Überlegenheit des Mittelmaßes. Aus diesem Grunde werden jungen Menschen schon oft die Regeln des Misslingens beigebracht: „Wer Erfolg hat, dem geht es nur ums Geld." „An die Spitze schaffen es nur die Korrupten." „Wer viel leistet, ist ein Workoholic." Erfolg wird von anderen Menschen schlecht gemacht, vor allen von jenen, die ebenfalls keinen Erfolg haben. So schützen andere ihre moralisch überlegene Machtposition: Was ich nicht schaffe, darf auch dir nicht gelingen. Neid ist also das beste Zeichen, auf dem richtigen Weg zu sein. Positive Affirmationen zu Erfolg wären: Fleißige Menschen haben Erfolg verdient. Die Klugen schaffen es an die Spitze. Jeder kann zum Gewinner werden. Auf diese Weise ist es nicht schwer, die erste Hürde auf dem Weg zum Erfolg zu meistern: Die Fähigkeit, Erfolg, Fleiß und Leistung aufrichtig zu mögen.

Eine Frage kleiner Schritte: Erfolg ist machbar

Denkblockaden auflösen, realisierbare Ziele setzen und in kleinen, umsetzbaren Schritten auf das angestrebte Ziel zugehen. Es gibt also gewisse gedankliche Grundlagen für den Aufbau vor Erfolg. Wichtig ist dabei, dass Erfolg nur ein Ergebnis richtigen Handelns ist, aber nicht unbedingt das einzige Ziel. Wer gute Noten in der Schule haben will, sollte vor allen Dingen Freude am Lernen entwickeln. Gute Schulnoten ergeben sich dann von selbst. Wichtig ist also auch, Ziele mit der richtigen Motivation anzugehen. Hauptwunsch sollte es also nicht sein, die „Eins" bei der Klausur in vier Wochen mit nach Hause zu bringen, sondern mit Spaß an der nächsten und übernächsten Unterrichtsstunde teilzunehmen. Erfolgsdruck führt zu schädlichen Blockaden. Wer nur auf das Ziel starrt, verliert die Freude an der Reise. Eine gute Note kann man nicht erzwingen, sondern nur durch Freude an der Leistung erarbeiten. Erfolg muss also nicht wehtun, sondern darf sogar Spaß machen. Freude an der Leistung ist ein wichtiger Motor für Qualität.

Fazit: Erfolgsfaktor Freude

Auf der Siegesfeier des Athleten möchte jeder ein Gläschen Champagner schlürfen, doch den Dauerlauf hat nicht jeder mitgemacht. Es gibt wenige Leistungsträger und viele Trittbrettfahrer. Der Athlet hat sich den Applaus allerdings redlich verdient. Doch warum immer nur zu den Drittplatzieren gehören? Erfolg ist machbar, wenn man die grundlegenden Prinzipien des Erfolgs berücksichtigt: Realisierbare Ziele, kleine Schritte, und die Bereitschaft, Leistung zu erbringen. Erfolg darf Spaß machen und ist kein Privileg der Götter, sondern für jeden erzielbar. Suche dir eine sinnvolle Aufgabe, finde ein erstrebenswertes Ziel. Das einzige, was dann noch fehlt, ist der Mut zum ersten Schritt.

Ganz normale Helden

Wie man sein Selbstwertgefühl stärkt und doch normal bleibt

Die westliche Kultur ist auf Wettbewerb ausgelegt – wer ist schöner, schneller, stärker? So mancher, der im Wettstreit der Talente nicht mithalten kann, bleibt mit angeschlagenem Selbstwertgefühl auf der Strecke. Doch nicht nur ewige Gewinner dürfen stolz auf sich sein

Es hätte ein normaler Spaziergang werden können, hätte nicht jemand gerufen: „Wer zuerst an der Laterne ist, gewinnt!" Sofort spurten die ersten los um zu sehen, wer Gewinner wird. Schnaufend jubelt Max: „Erster." Wettbewerb ist ein westliches Ideal. Die Besten, Schönsten, Klügsten werden idealisiert. Frauen bevorzugen eher kollegiale, Männer eher hierarchische Strukturen: Einer gibt den Ton an, die anderen folgen. Gerade Mannschaftssportarten wie Fußball oder Basketball erfordern eine gewisse Koordination. Sport ist schnell, Demokratie geht langsam. Es geht um Tore, nicht um Meinungen. Wer gewinnt, hat Recht durch Sieg.

Doch Wettbewerb hat auch Nachteile: Der Vergleich unterschiedet zwischen Gut und Schlecht, zwischen Oben und Unten. Wettbewerb polarisiert. Der Zweite Sieger ist schon der erste Verlierer. Viele Menschen plagt ein schlechtes Gewissen, nicht den Idealen der Superheldenwelt gerecht zu werden. Wer im Vergleich immer verliert, fühlt sich wertlos. Heldengeschichten verachten zugleich den Verlierer und werden auf Kosten der Besiegten erzählt.

Andere Länder, andere Sitten

In anderen Kulturen gelten andere Spielregeln. In Afrika gibt es ein Ballspiel, bei dem es darum geht, gemeinsam den Ball so lange wie möglich in der Luft zu halten. Gemeinsames Musizieren ist ein Gemeinschaftswerk. Und selbst Schneewittchen bleibt nicht verschont: Der heldenhafte Prinz rettet die arme Prinzessin. Ein Asiate fragte überrascht: Warum sucht er sich nicht einfach eine andere Frau? Selbst unsere romantischen Märchen vermitteln schon kulturelle Inhalte mit gewissen narzisstischen Motiven. Jeder muss ein Held sein in unserer Gesellschaft. Wer nicht mithält, verliert. Kein Wunder, dass Minderwertigkeitskomplexe häufig sind.

Der Stärkere überlebt

Es ist ein Irrtum, dass der Stärkere der Bessere ist. Gerne wird Charles Darwin, der Entwickler der Evolutionstheorie herangezogen, wenn es um das „Überleben des Stärkeren" geht. Im Englischen heißt es „survival of the fittest" uns bezieht sich nicht auf die Erforschung riesengroßer Löwen, die alles fressen, was ihnen im Wege steht. Darwin erforschte Vögel, genauer Finken, die auf verschiedenen Südseeinseln durch verschiedene Schnabelformen unterschiedliche Nüsse besser knacken konnten. Perfekte Anpassung sicherte ihnen das Überleben. Die moderne Hau-drauf-Mentalität der Ellenbogengesellschaft lässt sich daraus kaum ableiten. Mangelndes Gemeinschaftsgefühl ist eines der Grundübel der westlichen Welt. Übertriebener Wettbewerb schwächt den Einzelnen.

Der erzwungene Vergleich

Es ist also üblich, miteinander wettzustreiten, doch ist dies ein Übel, das unserem Kulturkreis zuzuschreiben ist. Es gibt kein Naturgesetz, das uns zwingt, miteinander zu konkurrieren. Das Schwarzweiss-Denken von Sieg und Niederlage schafft einen künstlichen Horizont zwischen Besser und Schlechter. Niemand käme auf die Idee, seine Ravioli auf dem Teller in Sieger- und Verlierer-Nudeln zu teilen. Aber im Vergleich zu anderen Menschen unterwerfen wir uns den „Besseren." Ist man nicht besser, ist man automatisch „schlechter." Wir erklären uns selbst zum Verlierer. Menschen mit Minderwertigkeitskomplexen haben also eine starke, ja gar krampfhafte Wettbewerbsorientierung – wobei sie sich allerdings zugleich immer unterlegen wähnen.

Konkurrenz ist nicht zwingend

Sport ist in Disziplinen unterteilt. Laufen, Schwimmen, Radfahren. Auch die bürgerliche Gesellschaft kennt solche „Schlachtfelder des Egos": Schönheit, Reichtum, Macht, Intelligenz. Geht es nur um die Unterscheidung, wer oben ist, wer unten? Man kann zugleich arm sein und klug, schlecht kochen und trotzdem ein nettes Lächeln haben. Erst der Zwang zur Perfektion macht uns zu Sklaven unserer eigenen Ansprüche. Wir setzen die Maßstäbe so hoch an, dass wir ihnen dann selbst nicht mehr genügen. Menschen mit Komplexen sind nicht wirklich schlecht, sie erwarten nur zu viel von sich. Im Grunde muss man also nicht seine Leistungen steigern, sondern seine Erwartungen herunterschrauben, um glücklich zu werden.

Selbstsicherheit ist Fairness mit sich selbst

Es gibt gute Verlierer und es gibt schlechte Verlierer. Der gute Verlierer ist auch mit einem vierten Platz glücklich und zufrieden. Doch Perfektionisten sind „schlechte Gewinner." Sie finden immer noch etwas, das nicht richtig ist. Zu hohe Maßstäbe degradieren alles zur Niederlage. Dies und jenes hätte noch besser sein können, nichts stellt sie endgültig zufrieden. Perfektion ist der Niedergang von allem.

Unser Selbstwertgefühl hängt also nicht von äußeren Umständen ab, sondern von unserer eigenen Entscheidung, uns nicht messen zu wollen, sondern uns unserer Einzigartigkeit und Unvergleichbarkeit bewusst zu werden. Konkurrenz ist freiwillig; Verlieren somit auch. Wir zerbrechen an dem Druck, unter den nur wir selbst uns setzen. Den Krieg mit sich selbst gewinnt man also nicht durch einen Sieg – sondern durch den Entschluss, nicht mehr gegen sich selbst zu kämpfen. Man muss dazu nur den schärfsten aller Kritiker zur Ruhe bringen: Sich selbst.

Die Kunst des Small-Talk

Tod, Pest und Teufel – wenn man mit den komplizierten Fragen seines zerfahrenen Lebens zu tun hat, scheint es einfach keinen Sinn zu machen, sich mit anderen Menschen zu unterhalten. Doch weit gefehlt – der oft so banal erscheinende Small Talk kann ein wichtiger Schritt zur Auflösung vieler Probleme sein

Was haben wir für ein schönes Wetter heute, was gibt es bei Aldi im Angebot – oberflächlicher können Kontakte unter Menschen gar nicht sein, scheint es auf den ersten Blick. Umso schmerzhafter ist diese Erfahrung, wenn man selbst mit ganz anderen Themen beschäftigt ist, sei es Gewalt oder Tod, Schmerz und Leid, die einem widerfahren sind. Die Welt scheint einfach nicht gemacht zu sein für schwerwiegende Themen des Lebens, alles nimmt seinen plätschernden, banalen Gang und es finden sich einfach keine Antworten, so sehr man auch grübelt. Wie können einem da schon andere Menschen weiterhelfen, deren Horizont anscheinend nicht über die Wettervorhersage von Morgen hinausreicht? In der Verzweiflung finden sich einfach keine Antworten. Doch ganz so trostlos ist diese kleine, nur anscheinend banale Welt der zwischenmenschlichen Kommunikation gar nicht – in ihr lauern ungeahnte Möglichkeiten. Möglichkeiten freilich, derer man sich er bewusst werden muss, um sie auch nutzen zu können.

Kleine Worte – große Bedeutung

Wenn es ums Wetter geht, geht es eigentlich gar nicht ums Wetter. Es geht nicht um die Wolken, es geht nicht um den Sonnenschein – es geht darum, miteinander zu kommunizieren. Der Mensch ist an sich ein soziales Wesen und braucht den Kontakt zu anderen Menschen. Im Gegensatz zu einer Katze, die stundenlang umherstreuen kann, ohne einer anderen Katze zu begegnen, brauchen Menschen andere Menschen. Sie brauchen sich nicht etwas nur dann, wenn jemand krank ist und Pflege braucht, jeder Mensch braucht ein gewisses Maß an Kontakt zu seiner Umwelt, ein gewisses Maß an Gemeinschaft, einfach, um nicht zu veröden. Die Katze braucht das Revier, der Mensch den Kontakt. Zu wissen, dass jemand da ist außer ihm selbst. Schon in der Steinzeit haben Menschen in Gruppen zusammengefunden, um besser in der Wildnis überleben zu können. In den Städten, den Betondschungeln, ist es nicht anders – auch hier finden Menschen zusammen, in Volkshochschulkurse, Gesangsgruppen, Gemeindesälen. Der Mensch braucht einfach den menschlichen Kontakt. Und diesen Kontakt holt er sich über Gespräche. Affen, die nicht sprechen können, lausen einander und ziehen sich stundenlang die Läuse aus dem Fell. Sie verschaffen sich ihr soziales Vergnügen auf andere Weise. Die Sprache ist also nicht nur ein fahles Werkzeug, um gegenseitig Informationen auszutauschen, wie dies vielleicht früher in der Schule war, sondern sie ist vielseitig einsetzbares Instrument - und kann manchmal einfach nur der sozialen Fellpflege dienen. Leben ist in den meisten Fällen halt nicht Kampf, Leben ist Kommunikation.

Der tiefe Sinn des Oberflächlichen

Das Wetter ist nur die Einstiegsdroge. Sind sich Menschen sympathisch, geht man zu anderen Themen über. Was bei den Nachbarn so los ist, was mit den Kindern – man wird schon privater. Der Smalltalk dient nicht überwiegend dazu, das Wetter vorherzusagen, das wäre in den Nachrichten vermutlich zuverlässiger zu erfahren, sondern um sich gegenseitig Zeichen der Sympathie auszutauschen. Kleine, soziale Streicheleinheiten, so genannte *strokes*, werden ausgetauscht, um das soziale Klima des Miteinanders aufrecht zu erhalten. Der Smalltalk dient also, mal ganz abgesehen davon, dass er auch Spaß machen kann, ganz allgemein der sozialen Klimapflege. Man vergewissert sich sozusagen dessen, dass der andere kein Untier ist und man mit ihm gut zusammenleben kann. Ein friedlicher Austausch auf neutralem Boden, um im Kontakt mit der Umwelt zu bleiben. Schwerwiegende philosophische Fragen sind auf diesem Territorium vermutlich fehl am Platze, aber was kann es schaden, doch vielleicht mal ein bisschen übers Fernsehprogramm zu plaudern? Vielleicht hat der andere ja sogar den einen oder anderen Tipp, was man sich anschauen könnte. Smalltalk erschließt die große Welt schon im Kleinen.

Probleme und Smalltalk

Obwohl Smalltalk nicht die Rennstrecke ist, auf der große und problematische Fragen geklärt werden können, hat der Smalltalk doch seinen Reiz. Sucht man den Kontakt zu Menschen, weil man sich einsam fühlt oder langweilt, kann ein kurzer Smalltalk schon etwas gegen die gedrückte Stimmung tun. Grade wenn einen schwerwiegende Probleme drücken, kann das wohldosierte Stückchen Normalheit, das im Smalltalk Einzug hält, etwas von diesen Problemen ablenken. Der Kopf wird wieder freier, ohne dass man sich bei den Gesprächsthemen überanstrengen müsste. Smalltalk kann wie eine erfrischende Dusche für den überhitzten Kopf sein, der sich ohnehin schon so sehr im Kreise dreht, dass er keine Lösung mehr finden kann. Vielleicht ist Ihnen auch schon mal aufgefallen, dass man die besten Lösungen für ein Problem findet, wenn man *nicht* mehr daran denkt. Die besten Ideen haben berühmte Persönlichkeiten, sagt man, ohnehin unter der Dusche. Das hängt damit zusammen, dass das Unterbewusstsein besser arbeiten kann, wenn es von Verstand nicht ständig angetrieben wird. Smalltalk ist also nicht die atemlose Flucht ins Banale, sondern eher die rettende Tür in ein bisschen Normalität, die man so schnell aus den Augen verliert. Und vielleicht ist es ja auch ganz erholsam, mal ein paar wenig anstrengende Themen anzusprechen und nicht gleich Ansprüche an ein Gespräch zu stellen wie die Industrie- und Handelskammer. Und vielleicht tut Ihnen ja ein nettes Kompliment wegen ihres hübschen Kleides in Wirklichkeit besser als die Lektüre von zwanzig Seiten Freud und Kant. Wenn man ausgehungert ist, braucht man halt ein Brötchen, und nicht unbedingt ein Fachbuch über das Bäckereihandwerk, und wenn man mal ein paar nette Worte braucht, ist der Smalltalk ein recht sinnvolles Mittel, ein wenig mit seinen Mitmenschen in Kontakt zu treten. Machen Sie doch mal Urlaub von ihren Problemen – lernen Sie, ein bisschen zu plaudern. Grade, weil es mal nicht um die ganz großen Fragen des Lebens geht, macht Smalltalk immer wieder einen Sinn.

Grade, wenn sie von ihren Problemen aufgefressen werden, kann eine normale Plauderei sie daran erinnern, dass es noch viel mehr auf dieser Welt als nur die Sorgen, die Sie grade auffressen. Früher wurden Menschen, die Probleme nicht ernst nahmen, einfach von den Problemen aufgefressen –

zum Beispiel, wenn es sich um einen Löwen handelte, der grade Appetit hatte. Deswegen ist es wohl in unseren Genen veranlagt, dass Probleme und Sorgen immer die erste Priorität haben. Bei einem Löwen, der nach zwei Stunden wieder abzieht, machte das auch noch Sinn. Aber in der heutigen Zeit, wo es wenige reale Lebensgefahren gibt, dafür aber viele soziale Sorgen, kann das zu Schwierigkeiten führen. Wenn ihr Hartz IV-Antrag erst in 4 Wochen bearbeitet ist, sollten Sie nicht für vier Wochen mit Existenzängsten im Bett liegen bleiben müssen. Leben ist das, was zwischen den einzelnen Katastrophen passiert. Und nicht ein Leben für die Katastrophen. Lenken Sie sich doch ab – plaudern Sie sich frei.

Smalltalk und Freiheit

Smalltalk ist ein billiger und nützlicher Weg, mal ein wenig von seinen Sorgen wegzukommen – und damit ein großes Stück Freiheit. Es kann manchmal ganz schön befreiend sein, mal *nicht* über seine Sorgen zu reden, mit denen man ohnehin schon jede Minute des Tages beschäftigt ist. Sie müssen nicht unentwegt hochintellektuelles Zeug von sich geben, um im Smalltalk akzeptiert zu werden. Smalltalk ist kein Krieg der Geister, kein Diskussionsforum und keine Arena, in der man sich beweisen muss – Smalltalk ist einfach Smalltalk, ein bisschen Austausch und ein bisschen gegenseitige Akzeptanz.

Smalltalk kann erfrischend und bereichernd sein, und vielleicht können Sie ja auch sogar die eine oder andere Bemerkung ihres Gegenübers als Inspiration gebrauchen. Vielleicht war der Tipp mit dem Sonderangebot bei Aldi doch gar nicht so schlecht. Doch selbst, wenn der angepriesene DVD-Player nicht in ihr Budget passt, ist das kein Grund zu schmollen – immerhin ist der Tipp des anderen ein Zeichen des Wohlwollens und gemeinsamer Sympathie.

Kleine Gesten zeigen oft mehr als große Worte. Man muss es halt nur zu erkennen wissen.

Oft verbergen sich hinter scheinbar oberflächlichen Reden wirklich nette und sympathische Menschen, die genau wie Sie erst entdeckt werden wollen. Werden Sie vom streitbaren Kämpfer zum freudigen Entdecker -so banal die alltäglichen Dinge auch wirken mögen, in Wirklichkeit sind sie es nicht... hinter ihnen verbirgt sich oft, im Kleinen, das Große und Schöne an der Welt. Es will nur gefunden werden. Seien Sie bereit dafür.

Lösungsorientiertes Denken erlernen

Aggressionen sind verpönt in der modernen Gesellschaft, Fairness und Toleranz gehören zum guten Umgangston, der moderne Mensch ist aufgeklärt und denkt liberal. Doch viele Menschen haben ein Problem mit dem Umgang mit Wut: Entweder können sie mit der eigenen Wut nicht umgehen oder haben Probleme mit den Aggressionen anderer. In der Gesellschaft begegnen Menschen immer die gleichen Probleme, und es hängt von Einzelnen ab, ob er damit zurechtkommt oder nicht. Menschen müssen lernen, ihr Leben selbst in die Hand zu nehmen. Das gescheiterte Schicksal eines Menschen mit dem Kennwort „Opfer" zu entschuldigen, hilft dem Betroffenen nicht weiter. Man muss lernen, mit Angst, Wut und Trauer sinnvoll umzugehen, dann klappt es auch wieder mir dem Umgang mit der Welt.

Konstruktive Strategien sind auf Lösungen ausgerichtet, die in Gegenwart und Zukunft Hilfe bringen. Eine Reduzierung von Problemen auf die Bewältigung einer schlechten Kindheit befriedigt mehr den missionarischen Eifer des Heilers als die Not der Opfer.

Wenn ich in einen Fluss falle und gerade noch dem Ertrinken entrinne, bin ich froh, wenn ich es noch an Ufer schaffe. Wer verlangt von mir in der Therapie auch noch zu beschreiben, wie schrecklich es war, Wasser in die Lungen zu bekommen und schmerzhaft um Luft zu ringen? Beschreibungen einzufordern befriedigt das voyeuristische Bedürfnis des Helfenden, lindert nicht die Not des Ertrinkenden. Dem reicht es, wenn man ihm ein Handtuch in die Hand drückt, um sich abzutrocknen. Es war schlimm, es ist vorüber. Mehr gibt es nicht zu berichten. Blicken wir nach vorn.

Lösungsorientiertes Denken hat oft wenig mit dem Problem zu tun. Wenn man mit einem geplatzten Reifen in der Wildnis steht, kommt man mit der Analyse des im Reifen steckenden Nagels nicht weiter. Wer sich um das Problem kümmert, verstärkt es nur. Lösungsorientierte Konzepte definieren also zunächst ein Ziel, das es anzustreben gilt. Ausgehend von diesem festen Ziel erarbeiten sie Strategien, um die dann zu erwartenden Schwierigkeiten zu lösen.

„Wie komme ich trotz des platten Reifens nach Hause?" wäre eine angemessene Frage. Jammern über den bösen Nagel ist keine Lösung, sondern Zeitverschwendung. Erklärungen und Anklagen mögen als zweifelhafte Freizeitbeschäftigung ausreichen, doch wer nach einem glücklichen und erfüllten Leben strebt, sollte andere Konzepte nutzen. Über den bösen Nagel jammern darf nicht als Ausrede für die eigenen Fehler und selbst verschuldete Passivität dienen. Ich habe die Probleme nicht verursacht, aber ich muss sie lösen.

Klagen und Schuldzuschreibungen können sich nur Menschen erlauben, die im Leben nichts mehr erreichen wollen. Schmerz ist unvermeidlich, Leiden ist freiwillig. Suchen wir nach Auswegen aus der Krise statt nach Erklärungen und Schuldigen.

Grundhaltungen zu den Mitmenschen

Wie sehen ich mich, wie sehe ich andere?
Die Grundhaltungen im Überblick.

Ich bin ok, du bist ok	Wertschätzung
Ich bin ok, du bist nicht ok	Arroganz
Du bist ok, ich bin nicht ok	Minderwertigkeitskomplex
Ich bin nicht ok, du bist nicht ok	Depression

Wie stehe ich zu meinen Mitmenschen?
Beispiele von unterschiedlichen Sichtweisen

Ich Du

Minderwertigkeitskomplex
Der andere erscheint größer und mächtiger als ich selbst

Ich   Du
Narzissmus
Der andere erscheint mir klein und dumm

Demokratie
Ich bin Teil einer Gemeinschaft

„Misserfolge sind Zwischenergebnisse."

Thomas Edison

„Es gibt mehr Menschen die aufgeben, als die scheitern."

Henry Ford

„Wirklich reich bist du, wenn du

mehr Träume in deiner Seele hast,

als die Wirklichkeit zerstören kann."

Hans Kruppa

„Gott, gib mir die Gelassenheit, Dinge hinzunehmen,

die ich nicht ändern kann,

den Mut, Dinge zu ändern, die ich ändern kann,

und die Weisheit, das eine vom anderen zu unterscheiden."

Friederich Christoph Oetinger, 1702 – 1782

Positive Affirmationen

Das Universum unterstützt mich auf meinen Wegen.

Alles was ich tue, wird ein Erfolg.

Andere Menschen lieben und respektieren mich so wie ich bin.

Ich bin die schöpferische Kraft in meiner Welt.

Ich bin eine Oase des Friedens, der Liebe und Freude.

Ich bin zuhause im Universum.

Ich bin stark und begehrenswert.

Ich bin Teil des universellen Plans.

Ich kann alles erreichen, was ich mir vornehme.

Ich liebe und akzeptiere mich, so wie ich bin.

Ich überschreite die Grenzen meiner Eltern.

Intelligenz, Mut und Erfolg sind ein Teil von mir.

Selbstsicherheit bedeutet, die starke Schulter,

an die man sich anlehnen möchte, bei sich

selbst zu finden

Stefan Pfeiffer (*1967) ist gelernter
Bankkaufmann. Deutsch und Philosophie
als schriftliches Abiturfach. Als Psychiatrie-
Erfahrener schreibt er Selbsthilfetexte
rund um den Themenbereich Psychologie
und Psychiatrie

Stefan Pfeiffer

Die Logik des Verlierens. Wege aus der Opferrolle

Essen, 2014

www.kleine-textwerkstatt.de